長くきれいに楽しむ
ハンギングバスケット
寄せ植えの法則

How to Enjoy a Long-lasting Beautiful Hanging Basket: Rules for Arranging Your Flowers

井上まゆ美

講談社

はじめに

　はじめてハンギングバスケットの寄せ植えに出会い魅了されたのは、イギリスのコッツウォルズの美しい街並みが載った1冊の洋書を見てからです。25年くらい前のことです。その当時、小さな自然食品店を経営していた私は、店頭を少しでも美しく飾るために、見よう見まねで吊り下げ型のハンギングバスケットをつくって飾ったのです。思えばこれが現在に至るきっかけとなりました。

　ハンギングバスケットの魅力は、目線の位置で見ることができるので鉢植えよりもインパクトがあり、狭い店頭でも庭がなくても立体的に飾ることができ、病虫害の影響を受けにくいことです。そして何よりも植物の組み合わせを考えるのがとても楽しかったのです。

　根っから凝り性の私は、ハンギングバスケットにはまって試行錯誤を繰り返し、実験のような長い日々が経過しましたが、お店が道路に面していたことも幸いして、多くの車や道行く人の目に触れ話題となりました。定休日には、お得意様向けにつくり方の講習会なども行うようになって、店頭に飾ったハンギングバスケットまでもが売れるようになったのです。

　そこできちんと勉強しようと思い立ち、日本ハンギングバスケット協会ハンギングバスケットマスターの資格を取り、さらに造園関係の国家資格も取りました。そうしているうちに庭づくりの相談も来るようになり、ガーデニング関連の仕事に徐々にシフトして行きました。このように、流れのままに来ました。はじめはガーデニング講師としてスタートして、少しずつスタッフが増えて行き、一緒に仕事を続けてこれたのは、本当に幸せなことでした。

　本書は、ハンギングバスケットをはじめてつくられる方たちの指針になるような基本的な法則を書き記しました。この法則を基本として腕を磨いた受講生たちは、素晴らしい成果を揚げ、各コンテストでたくさんの賞を受賞しています。本書が趣味として楽しまれる方からプロとして活躍する方たちの作品づくりのヒントになり、少しでもご恩返しができれば幸いです。

井上まゆ美

長くきれいに楽しむ
ハンギングバスケット寄せ植えの法則

目次

はじめに ……………………………………………………………………… 2

**パート1 ハンギングバスケットを
　　　　長くきれいに楽しむための寄せ植え15の法則** …………… 7

イントロダクション：
デザインの基本要素はフォルム、テクスチャー、カラー ………………… 8

法則1 ラウンド型かキャスケード型で仕上げる ………………………… 10
法則2 植物の種類は8つ以内でまとめる ………………………………… 11
法則3 有彩色を合わせるなら2色まで …………………………………… 12
法則4 奥行きを出すには無彩色を効果的に使う ………………………… 12
法則5 同系色と反対色で効果的にまとめる ……………………………… 13
法則6 斑入り葉やバイカラーの花を使いすぎない ……………………… 14
法則7 形の異なるものを隣同士に組み合わせる ………………………… 14
法則8 質感の異なるものを隣同士に組み合わせる ……………………… 15
法則9 植物をつめ込まず、ふんわりと植え込む ………………………… 15
法則10 同じ環境が好きなものを集めると管理が楽になる ……………… 16
法則11 完成後3日は半日陰で養生させる ………………………………… 16
法則12 植物の生長タイプを考えてデザインする ………………………… 17
法則13 植物の配置をケースに入れて考える ……………………………… 18

    法則14 個性的で素敵に見えるアシンメトリーデザインの並べ方 ………… 20
    法則15 姿が乱れたときに行うリフォーム ………………………………… 21
    長くきれいに楽しむための日常作業 ……………………………………… 22
    上手に作業するための6つのコツ ………………………………………… 24

パート2 季節感と個性を楽しむハンギングバスケットギャラリー … 25

    春の山手234番館で …………………………………………………… 26
    春の草花をふんわりと楽しむ ……………………………………………… 28
    夏の草花を涼しく楽しむ …………………………………………………… 32
    夏の鮮やかなグリーンを楽しむ …………………………………………… 34
    秋のコンテスト会場で ……………………………………………………… 36
    秋の草花の風情を楽しむ …………………………………………………… 38
    冬の草花をにぎやかに楽しむ ……………………………………………… 40
    ハンギングリースでお出迎え ……………………………………………… 42
    額縁フレームでダイナミックに楽しむ …………………………………… 44
    多肉植物の多様多彩な姿を楽しむ ………………………………………… 46

パート3 季節の草花と多肉植物を使った
ハンギングバスケット つくり方の手順とコツ ………… 49

    初級 毛糸のハンギング鉢 ………………………………………………… 50
    初級 リメイク缶の多肉植物ハンギング ……………………………… 52
    初級 多肉植物の毛糸玉＆ハンギング ………………………………… 54

初級	ハーブの籐籠ハンギング	56
中級	基本の5スリットバスケット	58
中級	コリウスの挿し穂でつくるハンギングバスケット	60
中級	多肉植物の挿し穂でつくるリース	62
中級	ウェディングケーキのハンギング	64
中級	ワイヤー製ココヤシのハンギングバスケット	66
上級	初夏のラウンドバスケット	68
上級	多肉植物のハート型ワイヤーバスケット	70
上級	多肉植物のクレッセント型ワイヤーバスケット	72
上級	クリスマスバージョンの額縁フレーム	74

パート4 ハンギングバスケットに使うおすすめの花材カタログ …… 77

- 春から初夏におすすめの草花 …… 78
- 夏におすすめの花材 …… 80
- 秋におすすめの花材 …… 82
- 冬におすすめの花材 …… 84
- おすすめのカラーリーフ …… 86
- おすすめの多肉植物 …… 88
- 自分で調合して植え込み用土をつくる …… 91
- ハンギングバスケットのグッズカタログ …… 92
- ハンギングバスケットのコンテスト …… 94
- 協力一覧 …… 95

パート 1

ハンギングバスケットを長くきれいに楽しむための寄せ植え15の法則

　ここで紹介する寄せ植えの法則でつくれば、ハンギングバスケットがまったく初めての方でも、それなりにきれいにつくれます。
　ただしこれらの法則は、まったく初めての方がつくるうえでの指針であり、これが絶対ではありません。配置のデザインに慣れてきたら、この法則を知ったうえで、自分なりに個性を出してつくられるとよいでしょう。

イントロダクション
デザインの基本要素はフォルム、テクスチャー、カラー

ハンギングバスケットをつくるうえで大切なことは、まずテーマやイメージを決めることです。それが決まったら、それらをどのように表現するかを考えます。

表現のための手段がデザインです。使う植物を選んで、テーマやイメージに合うよう効果的に配置する作業です。これらを行うための基準が植物の持つフォルム（形）、テクスチャー（質感）、カラー（色）の3要素です。

植物の組み合わせ方は、以下に法則として説明します。ここでは植物を選び配置するうえで必要な3つの要素を覚えてください。

フォルム（形）の違い

広い狭い、丸い四角い、太い細い、平たいデコボコ、まっすぐギザギザなど。

フォルムの違う草花

フォルムの違う多肉植物

テクスチャー（質感）の違い

柔らかい硬い、つるつるザラザラ、スベスベしわしわ、ふんわりカチカチなど。

テクスチャーの違う草花

テクスチャーの違う多肉植物

カラー（色）の違い

黒と白・シルバー、灰色は彩りのない無彩色、そのほかはすべて有彩色。

黒＆ブロンズ系の草花

赤系の多肉植物

黄色系の草花

黄色系の多肉植物

青系の草花

グリーン系の多肉植物

ピンク系の草花

シルバー系の多肉植物

シルバー＆グリーン系の草花

法則 1
ラウンド型か キャスケード型で仕上げる

バスケットの全体的なプロポーションは、花嫁さんのブーケのように丸いラウンド型か、「流れ落ちる滝のようなデザイン」を意味するキャスケード型に仕上げます。

そのほかに背景と連動して、あえて変形した形につくることもありますが、初心者は、この2パターンから入るとよいでしょう。

ラウンド型

愛らしい感じから大人系までどんなイメージにも仕上がり、安定感があります。色使いや花材にこだわって個性的につくりましょう。

キャスケード型

風になびくように、上部から下部に向けて流れるような縦長のラインに仕上げます。存在感のある花材を使うとエレガントな印象になります。

法則 2
植物の種類は8つ以内でまとめる

使う植物の種類は8つ以内にするとうまくまとまります。あまり多くの種類を使うと、かえってまとめにくくなり、意図するテーマやイメージを表現するのが難しくなります。

同じ種類の植物で色や品種が違っても1種類とカウントするので、8種類以内でも充分に変化をつけられます。バスケットの中に、ただ好きなものを入れるだけでなく、植物同士が引き立て合うように選びましょう。

主役の植物
バスケットの中で一番存在感があり、表現する基軸となるもの。

準主役
主役を活かし、主役が寂しくなったときに補える役割のもの。

脇役
主役や準主役を活かすような小花や葉ものなど。

花材
上段左：カルーナ（脇役）、中：宿根ネメシア（脇役）、右：イベリス（脇役）、中段：シロタエギク'シラス'（脇役）、下段左：斑入りジャスミン（脇役）、右：パンジー赤紫色花（主役）、ビオラ橙色花と黒花（準主役）。下はこれらを使った作品。

法則 3
有彩色を合わせるなら2色まで

　すべての色は彩りのない無彩色とそれ以外の有彩色の2つに大別されます。無彩色は黒と白とその中間の灰色やシルバーなどで、それ以外の色は有彩色です。

　有彩色を合わせる場合は、2色までで合わせるとうまくいきます。2色というと少ないようですが、おのおのの色にグラデーション(色調のぼかし)がつくようにすると充分に変化を出せます。

紫と赤で構成した作品。紫はバーベナとラベンダーで、赤はカリブラコア。斑入りグレコマとオステオスペルマムの花芯が紫と連動する。

法則 4
奥行きを出すには無彩色を効果的に使う

　明度だけで彩りのない無彩色のうち、白は明るく出っ張って見える進出色で、黒は影のようにくぼんで見える後退色です。したがって、無彩色の花や葉を効果的に使うと、バスケットに奥行きを出すことができます。

　ただし、暗く沈んだ感じにならないように、黒は全体の2割程度に抑えます。

ピンクのオステオスペルマムとネメシア、八重白花のマーガレット、銀葉のエレモフィラ・コベア、ロータス'ブリムストーン'にアイビーなど。暗い葉色のコプロスマで効果的に陰影をつけている。

法則 5
同系色と反対色で効果的にまとめる

植物を選ぶとき、同系色で選べば優しく穏やかで上品なイメージになりますが、反対色を使った組み合せにするとコントラストのあるはっきりとした印象で、お互いを引き立て合います。

どちらを選ぶかは、好みやバスケットを飾る場所のシチュエーションで決めましょう。また、同系色の中に1割ほど、その色の反対色（補色）を入れると華やかになります。これはアクセントカラーという手法です。

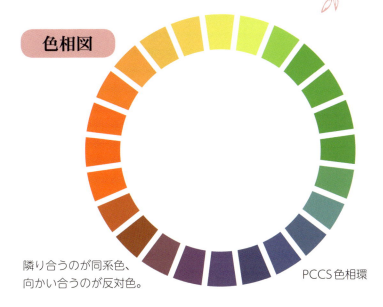

色相図

隣り合うのが同系色、向かい合うのが反対色。

PCCS色相環

淡いオレンジの和ペチュニアあずきと球根ベゴニア、黄色いベロペロネ、黄斑入りのハニーサックルなど同系色を組み合わせた。

紫のパンジーと反対色の黄色いパンジーとストック、黄斑入りのコロニラと合わせた。

法則 ⑥

斑入り葉や
バイカラーの花を
使いすぎない

植物を選ぶとき、斑入り葉やバイカラー（複色）の花を使いすぎないように心がけます。ひとつひとつはきれいですが、狭いスペースに集まると、ごちゃごちゃしてうるさくなるからです。

これらを使うときは少な目を心がけ、模様のもの同志が隣り合わないように気をつけること。どうしても多めに使うときは隣に無地の葉や花を配してみましょう。

白い斑入りのドラセナとスパティフィラムの白花を赤紫のストロビランテス（ウラムラサキ）と赤く色づいたレックスベゴニアが引き立てる。

ハボタンとジャスミン、セロシア（ケイトウ）の葉が面、エリカとコロキアの枝が点、オオバジャノヒゲ'黒竜'が線を構成する。

法則 ⑦

形の異なるものを
隣同士に
組み合わせる

植物のフォルム（形）の組み合わせを考える場合、小さな花や葉は点として、大きな面積の花や葉は面として、細い茎や葉は線として考えるとイメージしやすいでしょう。

点や線ばかりで組み合わせるとごちゃごちゃした感じになりますし、面ばかりで組み合わせるとのっぺりとした大味になります。なるべく形の異なるものを隣同士に持ってくるとお互いに引き立て合います。

法則 8
質感の異なるものを隣同士に組み合わせる

フォルム（形）、テクスチャー（質感）、カラー（色）の中で質感は一番目立ちません。植物のビロードのようなザラザラ感とか、てかてかツルツル、肉厚、薄いなどの質感は、目立ちはしませんが、近くで見ると作品のできを左右する大切な要素です。

質感の異なるものを隣同士に組み合わせて、さらなるグレードアップを目指しましょう。

つやのある黒いチコリと白いアイビー '白雪姫'、しわのあるプリムラとヒューケラの葉、ふわふわのロータス 'ブリムストーン' と異なる質感で組み合わせた。

法則 9
植物をつめ込まず、ふんわりと植え込む

でき上がりを気にして無理に植物をつめ込むのは、これから育とうとする植物にとって、蒸れや病気の原因にもなりかねません。でき上がりを気にするなら、風が通るような、ふんわりとした植え込み方を意識してつくることが大切です。

白とクリームイエローのオステオスペルマムとユーフォルビア、バーベナの白花、サザンクロスをバーゼリアやシルバーリーフでふんわりとまとめた。

法則⑩ 同じ環境が好きなものを集めると管理が楽になる

植物は日向が好き、半日陰が好き、水湿が好き、乾燥気味が好きなど、さまざまな性質を持ちます。異なった性質のものを組み合わせると、育てるうちにどちらかが調子が悪くなります。長く楽しむためには、できるだけ同じ環境が好きな植物を選ぶのがコツです。

日向が好き：パンジー、ペチュニア

半日陰が好き：ギボウシ、ラミウム

水湿が好き：アジサイ、シダ類

乾燥気味が好き：ゼラニウム、セダム類

日向が好き
アキレア、エリゲロン、オレガノ、ケイトウ、ジニア、セージ、タイム、パニカム、ハボタン、パンジー＆ビオラ、ペチュニア、ルドベキア

水湿が好き
アジサイ、アンスリウム、インパチエンス、カラジウム、ギボウシ、グズマニア、コリウス、サンタンカ、シダ類、ペンタス、リシマキア

半日陰が好き
アジュガ、カレックス、ギボウシ、シダ類、ツルニチニチソウ、フウチソウ、ヘリオトロープ、ヘレボラス、ヤブコウジ、ヤブラン、ラミウム

乾燥気味が好き
エレモフィラ、オレガノ、セダム類、ゼラニウム、センニチコウ、多肉植物全般、ハナカンザシ、マツバギク、ローズマリー

法則⑪ 完成後3日は半日陰で養生させる

完成後は戸外の半日陰の場所で3日間管理する。

小さなバスケットの中にたくさん植物を植え込むとき、根土を多く崩さないと入らない場合があります。根土を崩せば、多少なりとも根を傷めてしまうことがあるので、少なくとも3日は養生のため、冬を除いて戸外の半日陰で管理してやります。また、植えてから1週間くらいは活力剤を入れた水やりをしてください。

土も根も安定してから、規定より薄くした液肥を水やりのたびに与えます。

法則 12
植物の生長タイプを考えてデザインする

ハンギングバスケットをできるだけ長く楽しむためには、生長した植物の姿を想像することにより、形の崩れを最小限にとどめることができます。

上に伸びるタイプは、おもに天部に植え込みますが、側面に植えることにより、全体的にまとまったイメージになります。

面を埋めるタイプは、バスケットを隠しふっくらと大きくポイントとなる植物が多く、ハンギングの核になる植物です。

枝垂れるタイプは、おもにバスケットの下部に配置し、器材の下部を隠します。また、側面や天部からところどころに少量を配し、動きを出すために使う場合もあります。

上に伸びるタイプ

アンゲロニア、エリカ、ガウラ、カラミンサ、カレックス、キンギョソウ、ケイトウ、サルビア、宿根ネメシア、ストック、セージ、センニチコウ、ペンステモン、ラベンダー、リナリア

枝垂れるタイプ

アイビー、イポメア、コバノランタナ、ジャスミン、ハニーサックル、ツルニチニチソウ、ツルハナナス、テイカカズラ、ハツユキカズラ、ヘンリーヅタ、ラミウム、リシマキア、ワイヤープランツ

面を埋めるタイプ

アゲラタム、アジサイ、アルテルナンテラ、イソトマ、イベリス、インパチエンス、オステオスペルマム、ギボウシ、球根ベゴニア、クリサンセマム'ノースポール'、コリウス、シキミア、ジニア'プロフュージョン'、シロタエギク、ゼラニウム、ニチニチソウ、バーベナ、ハボタン、パンジー＆ビオラ、ヒューケラ、プリムラ、ペチュニア、ヘレボラス、ペンタス、マーガレット、マリーゴールド、モクビャッコウ、ヤブコウジ、ユーフォルビア'ダイヤモンドフロスト'、ランタナ、レックスベゴニア

上に伸びるラベンダーとクフェア・キューフォリック、カレープランツ、面を埋めるペチュニアとヒューケラ、キンギョソウ、枝垂れるハニーサックルなどで構成。

法則 13
植物の配置をケースに入れて考える

　花屋さんには必ず置いてある、苗を運んでくるときに使うプラスチックの仕切りのあるケースは、5列4段の20穴のあるタイプを使うと、ちょうどスリットバスケットの配置に使えます。

　いつも何となく苗をカゴに入れて買ってつくっている方は、このケースを使って配置を考えながら植物を買うと無駄がないうえに、大体のデザインをこの段階でつくることができます。1段目と2段目は側面植えに配置し、3段目はエッジに4段目はトップ（上面）として考えます。

5スリットの壁掛けバスケット

1列目　2列目　3列目　4列目　5列目

4段目（トップ）
3段目（エッジ）
2段目
1段目

5つのスリットごとの配置

4段目（トップ）
3段目（エッジ）
2段目
1段目
ウォータースペース

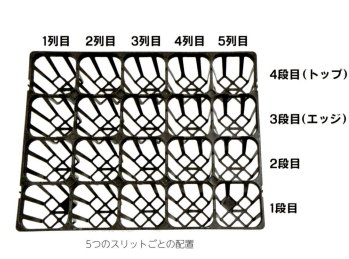

使う花材：カルーナ2株（上左）、宿根ネメシア1株（上中）、イベリス2株（上右）、シロタエギク'シラス'3株（中の中）、斑入りジャスミン2株（下左）、パンジー赤紫花とビオラ橙色花2株とビオラ紫花2株（下右）

基本の配列：主役のパンジーとシロタエギク'シラス'、準主役のビオラを合わせる。形と色と質感が隣り合わないように。

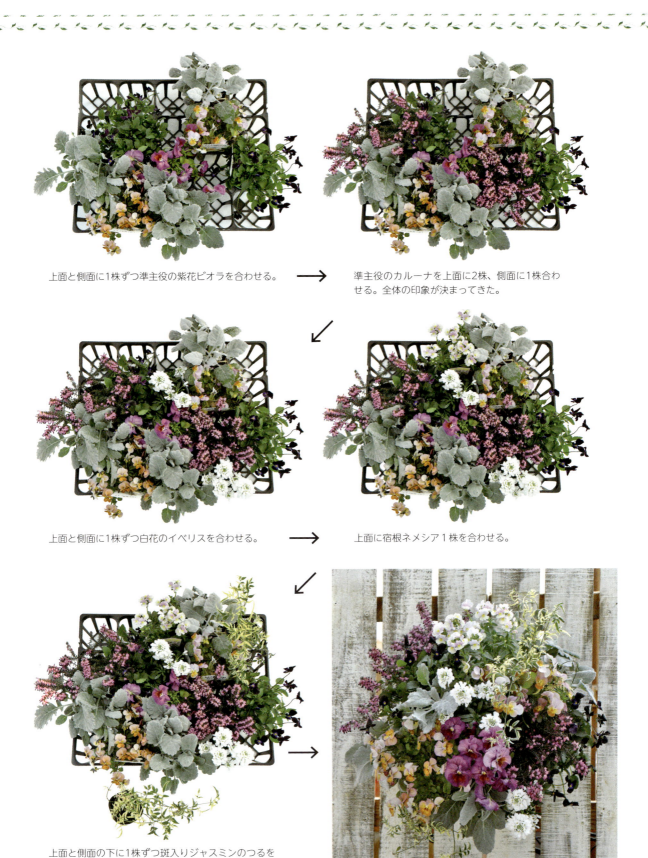

上面と側面に1株ずつ準主役の紫花ビオラを合わせる。

準主役のカルーナを上面に2株、側面に1株合わせる。全体の印象が決まってきた。

上面と側面に1株ずつ白花のイベリスを合わせる。

上面に宿根ネメシア1株を合わせる。

上面と側面の下に1株ずつ斑入りジャスミンのつるを合わせてキャスケード型にする。

正面から見てきれいな丸に、横からは半円に見えるように調整する。

法則 14
個性的で素敵に見える アシンメトリーデザインの並べ方

　デザインにはシンメトリー（左右対称）とアシンメトリー（左右非対称）があります。シンメトリーは単純に並べられますので、ここではアシンメトリーでのデザインのコツを説明します。

　同じ植物の位置を縦並び、横並びを避けるとアシンメトリーとなり、個性的で素敵に見えるデザインとなります。例えば、同じ植物が2個の場合は斜めに並べます。3個の場合は1段目、2段目、エッジに斜めに流したり、1段目を中央に、2段目を中央の右に、エッジには中央の左に入れると不等辺三角形になります。

　1段目を中央左、2段目を中央の右、エッジは中央のパターンもあります。同じく1段目を中央右から入る場合もあります。

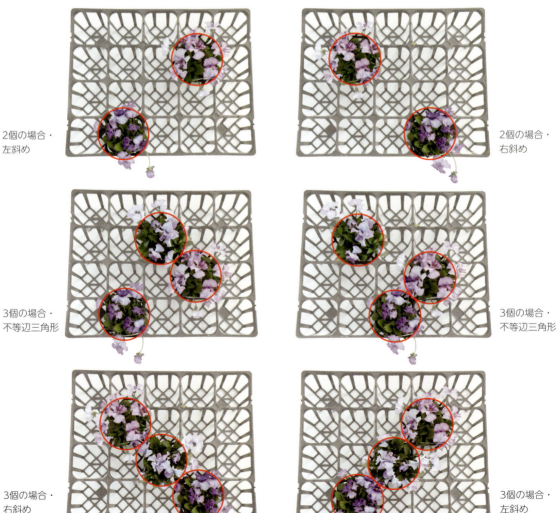

2個の場合・左斜め　　　　2個の場合・右斜め

3個の場合・不等辺三角形　　　　3個の場合・不等辺三角形

3個の場合・右斜め　　　　3個の場合・左斜め

法則 15
姿が乱れたときに行うリフォーム

バスケットに植えた植物は生きているので、生長するにつれて大きくなって姿が乱れたり、葉や茎が傷んだり、根づまりを起こしたりします。そんなときに日常の管理以外で行う若返り方法がリフォームで、以下の2つのやり方があります。

差し替えリフォーム

葉や茎が傷んだり、株が枯れたりした弱ったところだけを部分的に差し替えるリフォームです。解体リフォームと比べて、時間と手間がかからないうえ、植物に負担がからないという利点があります。

用土とミズゴケ、化成肥料、殺虫剤

追加の花材

差し替えリフォーム前

傷んだ部分を丁寧にはずす

ビオラとハボタン以外は再利用

差し替えリフォーム後

解体リフォーム

バスケットに植えてあるすべての株の根を傷めないよう丁寧に解体し、使うものと使わないものに分けます。使うものが決まったら、それに合う植物を追加して、最初からつくり直す方法です。

解体した花材。左は不使用、右は使用。

追加の花材。

解体リフォーム後

長くきれいに楽しむための日常作業

切り戻し（トリミング）

姿が乱れてきたとき、茎などを短く切ってコンパクトにして再生します。側面よりも天部の生長が早いので、形が整うように切り戻しをします。植物の天部の生長点を摘み取る作業を摘芯（ピンチ）といい、これを行うと側枝が増えてこんもりと育ち、花数が多くなる効果もあります。

花がら摘み

咲き終わった花をそのまま放っておくと、結実して養分が取られて花がつきにくくなり、株の寿命が短くなります。さらに花がらにカビが生えて病気になることもあります。咲き終わったら花首のところから切ってやりましょう。

リフォーム前

伸びた部分を切り取って整理する。

リフォーム後

花がら摘み

病虫害の予防と対策

ハンギングバスケットは地植えに比べて地面から離れた高い位置に掛けるため、病虫害の発生は少ないものの、春になるとアブラムシやハダニ、うどん粉病、ナメクジなどの被害が発生します。

アブラムシにはオルトラン（浸透移行性粒剤）をまいたり、スプレー式の薬剤を噴霧します。ナメクジは夜間に這い出してくるのをはしでつまんで取ったり、専用の薬剤などを利用します。

苗を入手するときは、病虫害にやられていないかよくチェックして風通しのよい植生に合った場所に飾り、水をやるときによく観察して、病虫害が発生した場合は早めに対処します。

薬剤はスプレー式が使いやすい。

薬剤散布するときの注意

希釈するタイプの薬剤は規定の濃度を厳守します。散布するときは雨の日や日差しの強い日中を避けること。風のない曇りの日の午前中がベストです。周囲に気を配り、帽子、マスク、手袋、長そでの服などを着用し、身体に薬剤がかからないように注意してください。ベランダでまく場合は大き目のごみ袋をかぶせ、その中でまきます。

袋の中で散布すると効きもよい。

バスケットの向きを変える

　植物は太陽に向かって生長するので、同じ場所や向きに飾ると生長に差が出てしまうため向きをときどき変えてやります。
　ラウンド吊り下げ型は、1週間に一度ぐらいをめどに180度回します。壁掛け型は、植物が上を向き過ぎた場合はしばらく寝かせて管理します。

花の向きを直すにはバスケットを寝かせて管理する。

水やりのポイント

　ハンギングバスケットの失敗例の90％は水やり不足です。花壇やコンテナガーデンに比べて小さな器にたくさんの苗が入り、風通しのよい地上に飾られるために乾燥しやすいのです。ジョウロの蓮口は取り、天部から株元に数ヶ所、バスケットの中に水が浸透していくようにゆっくりと水やりします。
　回数は季節や飾る環境によって異なるため、バスケットの重みや、ミズゴケをめくって土の乾燥の度合いを見て決めます。春と秋は午前中に1回、夏は朝と晩の2回、冬は乾いたら日中に1回が目安となります。

　バスケットから水が流れ落ちるほどたっぷりと与えます。天部表面のミズゴケが完全に乾くと水をはじいてしまうので、その場合は一度外して水に戻して再度天部に戻してやります。

ジョウロの蓮口は取って水をたっぷりとやる。

施肥のポイント

　小さなバスケットにたくさん苗を植えると、土の部分が少ないため肥料が必要となります。肥料には緩効性肥料を培養土に混ぜる元肥と、リン酸分の多い液肥を植物の状態を見て与える追肥がありますが、後者の場合は希釈を規定よりも薄くして回数を多くすると効果的です。ただし真夏や真冬は控え、代わりに活力剤を与えるとよいでしょう。
　窒素（葉肥え）、リン酸（花肥え・実肥え）、カリ（根肥え）『元肥入り』と表示してある用土でも、少し元肥を入れておくとよい結果が得られます。

上手に作業するための6つのコツ

コツ1

根を保護するため、活力剤入りのバケツに根鉢を浸してから植えつけます。植え込むとき、1段ごとに活力剤入りの水をジョウロであげてもよいでしょう。

コツ2

植物を植え込む前に、根鉢の際の下葉はなるべくカットすること。できるだけ風通しよくして蒸れないようにしてやります。

コツ3

根の崩し方は種類や生長の度合い、季節により違います。マメ科やアブラナ科など移植を嫌うもの、直根性の植物はあまり根をいじりません。真冬と真夏も根の再生力が衰えているのでほぐす程度にします。

コツ4

スリットに植え込むとき、1段目と2段目のあいだに、土の流れ止めと植物同士のクッションのため、500円玉くらいに丸めたミズゴケをはさみます。

コツ5

植え込みはスタンドに固定して行うと作業しやすくて便利です。土の量が多くて重い場合は、とくにしっかりと固定します。

コツ6

土は市販のハンギング専用土が軽量で好適です。自分でブレンドする場合は、赤玉土小粒2：ピートモス4：パーライト1.5：バーミキュライト1.5：堆肥1にくん炭1割と元肥少々で行います。

パート 2

季節感と個性を楽しむ
ハンギングバスケット
ギャラリー

ハンギングバスケットの発祥地イギリスは、北海道より北に位置するので、使える植物が限られることから春から秋の楽しみとされますが、イギリスに比べて温暖な日本の暖地では一年中楽しむことができます。

ここでは春から季節を追って草花とカラーリーフ、多肉植物を使ったさまざまな作品を紹介します。自分ならどう組み合わせるか考えながらご覧ください。

ハンギングバスケットギャラリー
春の山手234番館で

　昭和初期に外国人アパートとして横浜に建てられた山手234番館。現在は市民の利用するギャラリーに改装され、国際都市横浜を代表する洋風建築として、大勢の人から親しまれています。満開の桜をバックに、玄関や庭を飾るハンギングバスケットが訪れる人の目を飽きさせません。

輝くような白いマーガレットを赤茶のパンジーが取り囲み、
下をマーガレットの八重白花と黄色いオステオスペルマムの組み合わせで彩る。

道の向かいは横浜外人墓地という異国情緒豊かな地にたたずむ瀟洒な西洋館。

オステオスペルマムと八重マーガレットのピンクの濃淡が華やかさを強調し、白花のハナカンザシとヘリクリサム・シアンスチャニカム、オカメヅタが彩りを添える。

5月に入って暖かくなると基本色をブルーに変える。爽やかな花色のペチュニアにつやのある濃色葉のベゴニアとセトクレアセアを合わせ、セネシオ・レウコスタキスの白い細葉をアクセントにする。

ハンギングバスケットギャラリー
春の草花をふんわりと楽しむ

春は始まりのとき、スタートの季節です。色でいえば明るく軽やかなパステルカラーのイメージで、桃や桜の優しいピンク、菜の花やタンポポの鮮やかな黄色、若葉の初々しい黄緑色などに代表されます。これらたくさんの春色を取り合わせてふんわりと楽しみましょう。

淡黄色とピンクと淡茶のペチュニアをメインにユーフォルビア'ダイヤモンドフロスト'とバーベナの白花でふんわりとまとめる。リシマキア'リッシー'と銀葉のヒューケラを合わせ、斑入りハニーサックルのつるで動きをつけます。

複色と八重のペチュニア2種と赤いニチニチソウをメインにニゲラの実と斑入りアメリカヅタ、ジャスミンの黄金葉、ワイヤープランツを合わせる。黒花のペラルゴニウム・シドイデスとハナタバコの長い茎が変化をつけます。

淡いクリームとピンクのオステオスペルマムと複色のバーベナをメインに紫のラベンダー、ギョリュウバイ、オレガノ'ケントビューティー'、オレアリア、ヒューケラを合わせて。

ピンクと黄のオステオスペルマムとペチュニアをメインにネメシア、ユーフォルビア'ダイヤモンドフロスト'、エリゲロンとコンボルブルスの白花。カラーリーフはコンボルブルス、ウエストリンギア、ヘリクリサム、ミスキャンタス、ヒューケラなど。

淡紫色と淡黄八重のペチュニアをメインに白いユーフォルビア'ダイヤモンドフロスト'でふんわりと柔らかに。
うなだれて咲く赤いフクシアと長い茎の青花ロベリア'プリンセスブルー'がアクセントをつけます。

黄色とオレンジのオステオスペルマムにシモツケの黄金葉を
メインに、青や黄色のビオラと黄花のコロニラ、オレガノ、
斑入りジャスミン、銅葉のキンギョソウなどを合わせます。

薄いブルーのオステオスペルマムに青紫と赤紫のプリムラ・ジュリ
アン、エレモフィラの青花に銀葉のシロタエギク'シラス'と白斑葉
のアイビーというシックな組み合わせ。黄花い花はコロニラ。

黄色とピンクのバラをピンクのオステオスペルマム、ブルーの濃淡のバーベナ2品種と合わせて。銀葉はフレンチラベンダーとオレガノ、細かい黄と緑の斑入り葉はコプロスマ。

ピンク花の八重ペチュニアとベゴニア・センパフローレンスに赤と黄色のコリウス'マーティ'の葉がメイン。ペラルゴニウムの黄緑色の小さな裂け葉が可愛らしく、長く伸びた花茎が動きをつける。

変わり咲きのピンクのマーガレット2品種に白のペチュニアとフクシアの花をメインに、シルバーのラミウムとニゲラ、ニシキテイカなどの葉を取り合わせ、サルビアの青い花をアクセントにする。

ピンクのバラとバーベナ、紫の濃淡のペチュニアの花を合わせる。葉はシルバーリーフのヘリクリサムとオレアリア、ニゲラ、赤みの強いヒューケラとピンクのヒペリカムの実が可愛い。

ハンギングバスケットギャラリー
夏の草花を涼しく楽しむ

　初夏になると草花の開花は最高潮を迎え、色とりどりの花でバスケットはにぎわいます。暑い夏本番に近づくにつれ、色の組み合わせは涼しさを演出する青や緑や白が中心になります。シャープなイメージの尖った葉や、そよぐ風になびくようなつるを使うのも効果的です。

複色のジニア'プロフュージョン'とアゲラタム、ピンクのペンタス、白いニチニチソウを主役に、添えはジャスミンとコリウス、カレックス、赤い葉は斑入りハイビスカス。

青紫のペンタスに白いニチニチソウとセンニチコウをメインに、コリウスとユーフォルビア'ダイヤモンドフロスト'、オレガノ、ジャスミン、ペルシカリアなど。

ピンクのペンタスと白いニチニチソウをメインに、ケイトウ、ジャスミン、ペルシカリア、ヒューケラ、赤い実のジュズサンゴなど。

ピンクのニチニチソウとペンタスに白いセンニチコウをメインに、コリウス2品種とヒューケラ、赤い小さな実のジュズサンゴ。

赤を基調としたコリウスとケイトウ、白い花のペンタスをメインに、ワイヤープランツ、ヘミグラフィス、八重咲きジャスミン'グレイスフルレディ'、斑入りのアカリファなどの葉を組み合わせた。

ハンギングバスケットギャラリー
夏の鮮やかなグリーンを楽しむ

　使える花が少なくなる夏は観葉植物の出番です。グリーンだけでなく、赤や白や黄色など鮮やかな色合いのものを組み合わせると花よりもカラフルになります。アナナス類やベゴニアなど熱帯性植物と合わせると、管理も楽で真夏を通して楽しむことができます。

赤い花と長く尖った葉のグズマニアに銀葉のレックスベゴニア、赤紫のストロビランテス（ウラムラサキ）を
メインに、ミカニア・テルナータ、スパティフィラム、プテリスとアジアンタムなど。

葉脈が黄色いクロトンと緑の濃淡がきれいなディフェンバキア、オリヅルラン、マツザカシダ、アジアンタム、レックスベゴニア、タマシダなど。

シルバーリーフのレックスベゴニアと赤い葉脈が目立つフィットニア、紫色のセトクレアセアをメインに白斑のプテリス、細かい葉がにぎやかなワイヤープランツ。

薄いピンクのカラーとレックスベゴニア、紫のセトクレアセア、涼しげな緑はカラジウムとマツザカシダ、タマシダなど。

白と緑の散り斑のペペロミアとレックスベゴニア、タマシダ、マツザカシダ、アグラオネマ、ワイヤーハートなど。

ハンギングバスケットギャラリー
秋のコンテスト会場で

　秋は春とともに花を楽しむ絶好のシーズンです。全国で花のコンテストやイベントが開かれ、鮮やかな花色の草花や渋い味わいの野草も登場します。さらに秋が深まれば、色づいた葉や実が彩りを添えて目を楽しませてくれます。季節感あふれる作品をご覧ください。

＊94ページに秋と春に行われるコンテストの情報を掲載しました。

10月下旬に行われる東京の日比谷公園ガーデニングショーのハンギングバスケットコンテスト。ビル街をバックに会心の作品が並ぶ。

ケイトウとペンタス、コプロスマ、コリウス、ビート'ブルズブラッド'の赤をメインにジャスミン、ヒューケラ、オレガノ、シロタエギクなど。

グリーンのポンポンギクをメインにウィンターコスモスとユーパトリウム・ルゴサムを合わせ、実のついたコムラサキとトウガラシ、ヤブコウジの斑入り葉などをダイナミックに組み合わせた。

春と秋のバラと季節の花が咲き競う庭が楽しめる、神奈川県の横浜イングリッシュガーデンのコンテスト。
11月中旬から下旬まで展示される。

紫のストックに黒いパンジー、白実のペルネッチア（真珠の木）を
メインに、ジャスミンの黄金葉とセンリョウ、モクビャッコウ、カ
ルーナ、サワラなどの葉を添えて。

清楚な白花のシクラメンとエリカ、ストック、外斑のシ
キミアとシロタエギク、シルバープレクトランサス、コ
プロスマなど。

ハンギングバスケットギャラリー
秋の草花の風情を楽しむ

　うだるような猛暑が過ぎて朝夕に涼しさが感じられる頃になると、秋の草花の花色が冴えてきて、春とはひと味違う花の饗宴が始まります。夏から咲き継いだ花も息を吹き返して仲間に加わり、やがて秋の深まりにつれて赤や黄色に色づいた葉や実が華やぎを添えます。

オレンジ色花のジニア'プロフュージョン'と赤茶色のコリウスをメインに、青花のロベリア'パラシオンブルー'、
黄色い羽毛ゲイトウ、ホワイトセージ、ラミウム、フイリテイカカズラ、ハロラギスなど。

オレンジと黄色のマリーゴールドと白花のペンタスをメインに、ケイトウ、アルテルナンテラ、コリウス、コプロスマなど。

黄色いジニア'プロフュージョン'と白いユーパトリウム・ルゴサム、斑入りトラノオ、ユーフォルビア'ダイヤモンドフロスト'、アルテルナンテラ'千紅小坊'、ジュズサンゴ、コリウス、トウガラシなど。

ピンクのケイトウと白花の球根ベゴニア、ピンクのコレオプシスをメインに、モクビャッコウ、ハツユキカズラ、ジャスミン、コリウス、コロキアなど。

アプリコット色のジニア'プロフュージョン'とルドベキア'タカオ'、オレアリア、ジャスミン、コロキア、テイカカズラ'黄金錦'、紫キャベツ、トウガラシなど。

ハンギングバスケットギャラリー
冬の草花をにぎやかに楽しむ

　冬の訪れとともに地上は華やかな色を失いますが、花がなくなったわけではありません。花店には一年草を中心に春を先取りした花苗が並ぶので、むしろ冬は花が潤沢にある季節です。季節感を出すなら渋い色合いのカラーリーフと合わせるとよいでしょう。

紫と黄色いハボタンと紫のネメシア、オレンジ色のビオラ、シキミア、イベリス、シロタエギク'シラス'、ウエストリンギア、ハナカンザシなど。

紫のネメシアとビオラ、プリムラ・ポリアンサの花をメインに、赤い斑入り葉ユーフォルビアとモクビャッコウ、カレックス、アイビー、ミニハボタンなど。

存在感抜群の黒ハボタンと斑入り葉のコロキア'イエロースター'、シキミア、メラレウカ、パンジー、シロタエギク'シラス'など。

ヘレボラス・ニゲルとパンジー、ネメシア、シキミア、ヘリクリサム・シアンスチャニカム、黄色い花のコロニラを組み合わせて紅葉したテイカカズラを絡める。

白と黒紫色のハボタンとシキミア、紫のパンジー、ユーフォルビア'クラリスハワード'、チャイニーズフェアリーベルズ'ムーンライト'、アイビー、メラレウカなど。

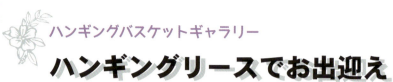

ハンギングバスケットギャラリー

ハンギングリースでお出迎え

　花好きのお客様を迎えるなら玄関に飾るハンギングリースをおすすめします。花が好きな方なら見ただけでおもてなしの心遣いがわかるからです。デザインの基本はバスケットと同じですが、使う植物は背丈が低く横張りして生長が遅いものが向いています。

青と黄色のプリムラ・ポリアンサをメインに白花のイベリス、青花のビオラ、
白いアイビー'白雪姫'など。

オレンジとレモンイエローの花色のプリムラ・ジュリアンに黄花のビオラ、白花のイベリス、斑入りヤブコウジのシンプルな組み合わせ。

サンゴ系の白いハボタンと黒紫のハボタンをメインに、白いイベリスとバラのつぼみのようなプリムラ、白いアイビー、白く細い枝はプラチーナ。

白地に緑の模様が美しいラミウムとヒューケラ、プレクトランサスの涼しげな葉色をメインにライムイエローのコリウス、赤紫のアジュガなどが引き立てる。

黒紫のハボタンと淡黄色のプリムラ・ジュリアン、白のスイートアリッサム、ビオラ、ロニセラの赤い葉とワイヤープランツ。

ハンギングバスケットギャラリー

額縁フレームでダイナミックに楽しむ

　額縁の中から植物が飛びだして、ダイナミックな雰囲気を存分に楽しめます。草花がメインなら色をふんだんに使った立体絵画のよう、熱帯の植物がメインならジャングルのような躍動感があります。花や葉の色と形のセンスよい組み合わせがポイントです。

エビのような赤いベロペロネとハイビスカスの赤い斑入り葉をメインに、
赤花の斑入り葉ペンタスと白八重花のベゴニア・センパフローレンス、ロータスの銀葉と黄色いコリウスなど。

涼し気なカラジウム2品種、ドラセナの白斑サンデリアナと黄斑のクロトン、羽状葉のプテリス、白い網目のフィットニア、黄斑葉のシェフレラ、白い花のスパティフィラムなど。

ピンクのプリムラ・ポリアンサとデージーをメインに、赤茶のパンジー、ピンクのブラキカム、白いスイートアリッサムなど春の花を合わせ、黄斑葉のジャスミンのつるで囲んだ。

白斑のプテリスとフィットニア、スパティフィラムをメインに、黄斑のポトス、紫葉のセトクレアセア、ワイヤーハートなど。

白花のオステオスペルマムとイベリス、ブラキカムにオレンジ花のオステオスペルマムを合わせ、アイビーとロータス'ブリムストーン'で動きをつけた。

白花のジニア'プロフュージョン'と青い花のクレロデンドロン'ブルーエルフィン'につやのある大きなストロビランテスの葉をメインに、青紫とレモンイエローのペチュニア、ユーフォルビア'ダイヤモンドフロスト'、ツルマサキなど。

ハンギングバスケットギャラリー
多肉植物の多様多彩な姿を楽しむ

　多肉植物の多くは砂漠や岩場など苛酷な環境に生えるので、葉を厚くしたり体を球状にしたりと人の想像も及ばない奇妙な姿となります。さらに茎や葉を切っても根を出して再生するので、寄せ植えの材料として好適です。そのさまざまな使い方をご覧ください。

エケベリアをメインに小型のセダムやクラッスラでまとめ、ハートカズラを垂らしたバスケット。
下にセダム'ドラゴンズブラッド'と斑入りベンケイソウなどをコーディネート。

エケベリアをメインに小型のセダムやクラッスラでまとめ、グリーンネックレスを垂らした多肉ボール。下にアエオニウム'黒法師'とトラデスカンチア、グリーンネックレスなどの鉢をコーディネート。

古びた水色のバケツに赤く色づいたグラプトペタラムとカランコエの月兎耳と錦蝶、うろこを重ねたようなクラッスラの若緑とサルメントーサ、セダムを入れて三日月ネックレスを垂らす。

グラプトベリア'白牡丹'を中心にセダム'オーロラ'、クラッスラ'星の王子様'グラプトセダム'ブロンズ姫'でまとめ、白い根のようなチランジア・ウスネオイデスをはわせたウェルカムボード。

寄せ植えは花材の選択と植えるテクニックも大事だが、器の材質やデザインなど組み合わせるセンスが肝心。ブリキの篭から左にクラッスラ'青鎖竜'を右にドルフィンネックレスのつるを垂らす。

Gallery of Hanging Baskets: Enjoying the Seasons and Their Uniqueness

ギリシア彫刻を模した器に斑入りマルバマンネングサをベースとして植え、髪飾りのような
センペルビブム'アロンオア'とグリーンネックレスを垂らす。淡いグリーンで統一した。

樹肌を生かしたハンギングボード。エケベリア'ピーチプリデ'をメインに数種類のセダム（オノマンネングサ、
ドラゴンズブラッド、ダシフィルム、ゴールデンカーペット）で取り囲み、ピンクの花のミセバヤを垂らす。

パート 3

季節の草花と多肉植物を使った ハンギングバスケット つくり方の手順とコツ

　ハンギングバスケットの楽しみは、テーマに沿って選んだ植物を好みの形と色にデザインし、自分の持っている技術で形づくる醍醐味です。ここに紹介する13の作品は難易度の目安として初級、中級、上級の3つに分けてありますが、上級といっても習得に何年もかかるほど難しいものはありません。
　自分のお好みの作品にチャレンジしてください。

Hanging Baskets Using Seasonal Flowers and Succulents: Recipes and Tips

初級

毛糸のハンギング鉢

ペルネッチア（別名真珠の木）

　植物が植えてあった飾り気のないプラスチック製の鉢やポット。カラになったものがよく作業場の片隅に積み上げてあります。これら使った簡単なリメイクで素敵な器に再利用してみましょう。

　毛糸玉がぶら下がったような可愛らしい器が、寒い季節の庭やベランダをほっこりと暖かい空間に変えくれます。ポイントは下地のビニルテープの巻き方。中心を厚く巻いて全体にふっくらと丸みをつけることです。

　毛糸の太さや色を変えたり、2種類の毛糸を組み合わせたりすれば、個性のある器に仕立てることができます。

ケイトウとアサギリソウ

ヨギク

器＆道具 ポット、毛糸、アルミワイヤー、ビニルテープ、セロハンテープ、両面テープ、はさみ、きり

1 ポットにビニルテープを巻きつける

2 中心部を厚く巻き、球状になるようにする

3 テープの巻き終わりはセロハンテープでしっかりと止める

4 両面テープをポットの高さより少し長めに切り、縦に6〜8ヶ所貼る

5 上下の縁にテープの端が巻き込むように

6 両面テープの剥離紙をはがして粘着面を出す

7 両面テープの粘着面に毛糸をつけながら横に巻きつける

8 ひと通り巻いたら中央をふくらませるように、下地が見えなくなるまで巻く

9 巻き終わったら毛糸の端は中に巻き込んで止める

10 ポットの縁から1〜1.5cmのところにきりで3ヶ所穴をあける

11 アルミワイヤーを40cmくらいに3本切る

12 ポットの穴にワイヤーを通して4cmくらい出して曲げ、ねじって止める

13 ポットに植物を植え込む。サイズが合えばポットのまま入れてもよい

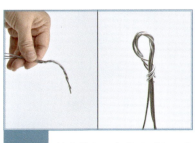

14 植え終わったらワイヤーの上の端は3本まとめてねじり、ぶら下げられるように輪をつくる

完成

51

初級

リメイク缶の多肉植物ハンギング

　空き缶に絵の具を塗り、砂粒をつけてゴツゴツさせてから切り抜いた型紙で文字を刷り込みます。穴をあけて麻ひもでしばれば、古びたアンティークな吊り鉢のでき上がり。

　型紙はステンシルに自分で好きな欧文を切り抜いて作るオリジナルで、たいへんですがこのひと手間が肝心。細部のこだわりがホビーの基本、センスの見せどころです。

　植えるのは色合いと質感の合った多肉植物や観葉植物がよく合います。少しピンクに色づいたものを混ぜ、つる物を垂らして形に変化をつけます。スペースが小さいので大きい株は小分けにするとよいでしょう。

花材＆用土 ①コチレドン・ペンデンス ②グラプトペタルム'アメジスティナム' ③エケベリア'ティッピー' ④オロスタキス子持ちレンゲ ⑤プレクトランサス'アロマティカス' ⑥セネキオ'エンジェルティアーズ'

器＆道具 空き缶、シーラー、アクリル絵の具（茶・白）、水性ペイント（青）、はけ、紙パレット、スポンジ、くぎ、ステンシル、かなづち、電気ドリル、割ばし、麻ひも、ピンセット

花の配置

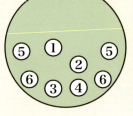

1 空き缶に下地としてシーラーを塗る。塗らないときれいに仕上がらない

2 水性ペイントを塗る。ムラがあってもよい

3 ペイントが乾かないうちに上下に土や砂粒（モルタルでもよい）をつける。真ん中はあけておく

4 30分くらいで乾いたら土や砂粒がついた上から再度ペイントを塗る

5 缶の真ん中に文字を切り抜いたステンシルを当てて位置を決める

6 ステンシルの上から色を塗って文字を刷り写す

7 茶色の絵の具をスポンジにつけて缶をたたいて汚す。こすると文字が消えてしまうので注意

8 缶の底にくぎを打って3つ排水の穴をあける

9 缶の縁に等間隔で3つ吊り下げる穴をあける。くぎで難しい場合は電気ドリルを使うとよい

10 穴に同じ長さの麻ひも3本を結び、先をひとつにまとめて結ぶ

11 用土を植える株の根の高さを残して入れる

12 一番大きい苗の根土を落として位置を決める。大きいときは小分けにする

13 大きい順に苗の位置を決める。外側にせり出すようにするとよい

14 最後につるの位置を決めて用土を入れて作業完了

完成

初級

多肉植物の毛糸玉＆ハンギング

　茎を切って砂に挿すと発根するものが多い多肉植物。茎が伸びて仕立て直しが必要になったものや殖えすぎたものを使って、簡単で可愛い多肉植物の毛糸玉（多肉玉）をつくってみましょう。

　水で練ると固まる園芸用土（商品名ネルソル）を玉にして挿せば、その後の管理も楽で、水切れに気をつければ失敗がありません。

　秋冬は毛糸で春夏はカラフルな麻ひもでと、巻く糸を変えると雰囲気が変わり季節感も感じられます。枝にぶら下げてモビール風の気軽なハンギングですが、卓上にそのまま置くだけでもユーモラスで存在感があります。

毛糸の色や質感の組み合わせで表情が変わる（左）。上左は水切れ、右は日当たり不足で徒長したもの

水を切らさなければ長く楽しめる。上は6ヶ月経過したもの

花材＆用土・道具 エケベリア'白牡丹'、ネルソル、容器、ミズゴケ、毛糸、はさみ

ネルソル（粘着性植え込み用土）10に水4を加えて軽く混ぜて粘土のようにする

1 粘土のようになったネルソルを直径3〜4cmの玉に丸める

2 植える多肉植物は、茎が立ち上がった長めのものを選ぶと作業しやすい

3 茎を長めに切って、下葉を整理する

4 丸めたネルソルに茎を2cmくらい挿す

5 しっかりと玉の中心にバランスよく挿す

6 長めのミズゴケを玉に活着するように固めに巻く

7 下地が見えなくなるまで巻いたら、なじませるように指で整える

8 ミズゴケの上に毛糸を縦方向に少しずつずらしながら巻く

9 ひと通り巻いたら、斜めや縦を繰り返す

10 下地が見えなくなったら、毛糸の端を巻き込む

11 吊るす糸は茎には巻かずに上部の毛糸に結ぶ

完成

初級
ハーブの籐篭ハンギング

　ブルーグレーに塗った籐の篭が涼しげなハンギング。ふんわりと風にゆれる軽やかな枝先と、長く伸びた斑入りジャスミンのつるが素敵です。観賞用としてだけでなく、ハーブが放つ香りも楽しめます。

　花の主役はさわやかなグリーンの中で映える鮮やかなマリーゴールドのビタミンカラー。さらにバジルの濃紫色の葉が、繊細な葉が多いハーブの中でひときわ存在感を放ちます。

　手づくり感を出すため、下色を塗ったあとから白ペンキをスポンジでたたいて古色をつけるひと手間がポイントです。

花材 ①ラベンダー ②フレンチマリーゴールド ③フローレンス フェンネル ④レッドバジル ⑤オレガノ'ケントビューティー' ⑥ラムズイヤー ⑦ハゴロモジャスミン'ミルキーウェイ'

器&用土・道具 籐篭、水溶性ペンキ（ブルーグレー・白）、はけ、スポンジ、はさみ、皿、はし、シャベル、セロハン、植え込み用土、ミズゴケ

花の配置

1 篭にベースのブルーグレー色を塗る。手づくり感を出すならムラがあってもよい

2 スポンジに白ペンキをつけ、容器の縁でペンキをこそげ落とす

3 軽くたたきながらかすれ模様をつける

 **4** 塗り完成。全体的に色ムラを出すとアンティーク感が深まる	 **5** 保水性を高めるためと、土がこぼれ落ちないようにビニルを敷き、水抜き穴をあける	 **6** セロハンを篭に敷く。余りは篭とのあいだに折り込む
 **7** 根鉢の深さに合わせて用土を入れる。深植えや浅植えにならないように気をつける	 **8** 苗をポットから取り出し、根鉢の肩の部分の土をやさしくもみほぐす	 **9** 中心にする苗から配置を決める。すぐには植えない
 **10** 中心を取り囲む苗を配置する。縁の苗は縁を隠すように外側へ倒し気味にする	 **11** つる性のジャスミンを2ヶ所に配置する。株が大きい場合は2〜3に分ける	 **12** すべての苗の配置が決まったら、用土を入れて隙間がないように丁寧に植え込む
 **13** 株を取り囲むようにミズゴケを薄く敷く	 **14** つるを鎖の間などに絡ませて固定する	 **完成**

中級

基本の5スリットバスケット

　側面に5つのスリットのある最も一般的なバスケットです。下から順に植えて最後に上面を丸くなるように植えます。

　正面から丸く見えるように1段目は中央の3列だけに植え、両端には植えません。1段目と2段目の間にミズゴケを500円玉くらいに丸めて挟みます。上の株とのクッションだけでなく、乾燥防止の役目を果たします。3段目の上面の縁に植える株は、横から見て丸くなるように前に倒してバランスを取ります。

　苗を入れる園芸用のカゴは横5列縦4列なので、植える配列で入れておくと便利です。

花材 ①ヘリクリサム・ペティオラレ ②ニチニチソウ ③コリウス ④ペンタス ⑤ソラナム黄斑入り葉 ⑥カレックス

器&用土・道具 スリット型ハンギングバスケット　植え込み用土、ミズゴケ、鉢底ネット、はさみ、スコップ、はし

花の配置

1 5つのスリットの内側にスポンジの仕切りを貼りつける

2 植物がくっつかないようにスポンジの接着面に土をつける

3 鉢底ネットを敷いて用土をスリットの下まで入れる

4 苗の根土を少し落とす。作業しやすいように根の先をしぼるとよい

5 1段目の中央から植え始める。正面から丸く見えるよう一段目は中央3列にだけ植える

6 1段目を植え終わったら、根鉢が隠れるくらいに用土を足す

7 1段目と2段目のクッションとしてミズゴケを500円玉くらいに丸めてスリットにはさみ込む

8 乾燥しないよう湿気を保つほか、用土の流失防止にもなる

9 2段目は5つのスリットすべてに入れる。1段目とバランスを取りながら、正面から見て丸くなるように

10 用土を足す。特に根鉢と根鉢の間にすき間ができないように。割りばしなどで突きながらムラがないように入れる

11 3段目を植える。2段目と自然につながるよう、手前に倒す。スリットに入れなくてよい

12 4段目を植える。3段目とつながるよう、手前に少し倒し気味に植える

13 4段目の植えつけが終わった。正面から丸く、横からは半球状に見えるようにバランスよく整える

14 用土をまんべんなく足して上に乾燥防止のミズゴケを敷き、たっぷりと水をやって作業完了

完成

中級

コリウスの挿し穂でつくるハンギングバスケット

小型のココヤシワイヤーバスケットの側面に、4〜6月に出回る数種類のコリウスをカットして挿すと簡単に根づき、寒さが来るまで楽しめます。

内貼りのココヤシシートは、そのまま植え込むと水はけがよすぎて、年中水やりしなければなりません。そこでビニルを1枚内側に敷くことで、水持ちが格段によくなります。環境がよければコリウスはどんどん伸びて形が崩れ、切り戻しが必要になりますが、これを土に挿せば苗を増やすことができます。

上面に植える株は、前倒しにして全体にきれいな丸にすることがポイントです。

花材 コリウス6品種
①赤葉 ②オレンジ葉 ③黄葉
④黄＆赤葉 ⑤緑＆黄葉 ⑥緑葉

器&用土・道具 ワイヤーバスケット、ヤシマット、植え込み用土、ミズゴケ、ビニル袋、発根促進剤、はさみ、ピンセット、はし、作業用スタンド

花の配置

上面
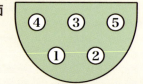

側面
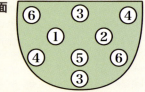

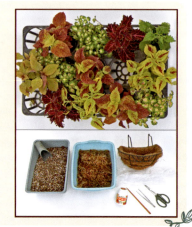

1 ヤシマットの内側にビニル袋を広げてぴったりと敷き、はさみの先で突いて複数の排水穴をあける

2 スタンドなどに固定して用土を8割くらい入れ、縁からはみ出したビニルは少し余裕をもって切り取る

3 ジョウロで水をやって用土を湿らせておく。このあとの挿し穂などの作業がしやすくなる

4 3〜4節をつけて挿し穂を切る。切った株はそのまま放っておくと下の節から新しい芽が伸びてくる

5 挿しやすいように一番下の葉を切り取る。株から切るとき茎が短いと作業しにくいので少し長めに切る

6 切り口に発根促進剤をつける。粉状のほかに液体タイプもある

7 はしの先をヤシマットに刺して穴をあける。裏のビニルまで達するようにしっかりあける

8 ヤシマットにあけた穴に穂を挿し込み、裏のビニルの穴まで突き通す。下の段から順次行う

9 葉色や形が重ならないように挿しながら用土を足していく。バスケットの縁まで挿したら挿し穂は完了

10 バスケットの上面に植える株のポットを置いて、色や形のバランスを考え配置を決める

11 ポットから抜いて根土を少し落とし（落とし過ぎないように）、手前に倒し気味に植える

12 正面からは丸く横から半球状になるように、あきが気になるところがあれば挿し穂を追加。水をやる

13 バスケットの縁まで用土を足す。はしで隙間がないように突き込む。上に湿らせたミズゴケを薄く敷く

14 最後に水をたっぷりとやる。その後は倒して管理すると根が真っすぐ下に伸びるので生長がよい

完成

中 級

多肉植物の挿し穂でつくるリース

　水を入れて軽く混ぜると、粘り気が出て粘土のように固まる植え込み用土ネルソル。これを使ってカットした多肉植物の穂をリース台に挿していきます。土が固まればすぐに立てて飾ることができるので便利です。土は固まっても水を通すので、植物は根を伸ばして生長することができます。

　ポイントとなる大きめの挿し穂は、3の倍数で正三角形に挿していくと、バランスよく整い、形や色の違うものを隣同士に配置すると、お互いが引き立て合います。寒さに当たると紅葉する種類を使うと、冬にコントラストが出て見事です。

花材 ①カランコエ'ジャイアントラビット' ②セダム'イエロービア' ③セダム'ブロンズ姫' ④セダム'銘月' ⑤クラッスラ'火祭り'

　以下はあきスペースに適宜挿す。セダム'オーロラ'、グラプトペタルム'秋麗""ダルマ秋麗'、クラッスラ・サルメントーサ、セダム・レフレクサム、クラッスラ・ブロウメアナ、オスクラリア'琴爪菊'

花の配置

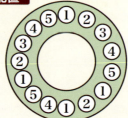

器&用土・道具 ワイヤーリース（直径22㎝）、ヤシマット、多肉植物用植え込み用土、ネルソル、容器、はさみ、ピンセット、スプーン

1 リースのヤシマットに多肉用植え込み用土を8割くらい入れる

2 上に粘りが出たネルソル（ネルソル10：水4）を縁まで入れ。しっかりと手で押さえる

3 大きい挿し穂をつくる。なるべく下で切り下葉を取る

4 大きい挿し穂を3つ等間隔に挿す

5 色や形が重ならないように大きい挿し穂5種類を挿す

6 小さい挿し穂をつくる。挿す茎の部分をなるべく長く切り下葉を取る

7 大きい穂の脇にはしなどで穴をあけて挿す

8 小さい挿し穂はピンセットでつまんで隙間に入れる

9 ボリュームを出すために2つずつ入れてもよい

10 同じものが並ばないよう、色とバランスを考えながらできるだけ密に入れる

11 つるを入れるなら最終のここで入れる。今回はつるは入れない

12 少し持ち上げたり離れて見るなど、全体をくまなくチェックする

13 色が重なることと、やや弱いので、メキシコマンネングサをはずすことにした

14 代わりにオスクラリア'琴爪菊'を入れて作業完了。根づくまでは寝かせて管理する

完成

中級

ウェディングケーキの ハンギング

　園芸資材にこだわらず、雑貨店やホームセンターで手に入るインテリア用品を使って、ハンギングをつくってみましょう。白いワイヤー製の小物入れで、3段になっているところがまるでウェディングケーキです。
　篭（かご）も鎖も土や苗などの重いものを入れるようにはつくられていないので、軽量化に心がけます。上の篭から下へバランスを考えて植えていきますが、水やりのとき上から水が垂れてくるので、下段の中央には何も植えずあけておくこと。
　ソフトな色合いの花苗を主にして、色数を少なくすると上品に仕上がります。

花材 ①ジニア'プロフュージョン' ②ビンカ・ミノール'イルミネーション' ③アルテルナンテラ・ポリゲンス'千紅小坊' ④モクビャッコウ ⑤オレアリア'リトルスモーキー'

器&用土・道具 インテリア3段篭（雑貨）、植え込み用土、ミズゴケ、ジュートムシロ、セロハン、はさみ、穴あけパンチ

花の配置

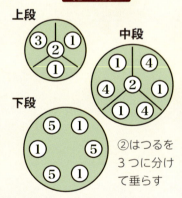

②はつるを3つに分けて垂らす

1 用土が乾かぬよう湿度を保つためのセロハンを折ってパンチで穴をあける

2 ジュートムシロに篭を置いて篭の2倍くらいの大きさに切る

3 大きさの目安。少し大き目に切るとよい

4 ジュートを篭の中に敷き込んで、周囲をやや大きめに切る

5 セロハンをジュートの大きさに合わせて切る

6 ジュートの上にセロハンを重ね、篭に敷き込む

7 3つの篭とも同様にして用意が完了

8 ムシロとセロハンをそろえたら、上の篭から用土を入れる

9 上の篭から順に植える。用土を3分の1程度の深さまで入れ、つるの株を真ん中に置く

10 つるを3本の鎖に沿って3つに分ける

11 つるとつるのあいだに1株ずつ植える。根土をスペースに合わせて落とし、細長くする

12 中段も同様につるを入れてから2株ずつ外側に傾けるように植える

13 下段の真ん中はあけておく。土の飛散と乾燥防止のため土の上にミズゴケを敷く

14 飛び出したつるや花茎などを整理する

完成

中級

ワイヤー製ココヤシの ハンギングバスケット

　市販のワイヤー製のココヤシバスケットの上面だけに植えるのではなく、側面にも植えるとよりいっそう豪華になります。その場合は、ワイヤーとワイヤーのあいだが大きいバスケットを選ぶと作業しやすくなります。

　側面に苗を植えるためには、ココヤシの外側に3cmほどの斜めの切れ込みを入れます。ビニルポットを帯状に切って、土を適度に落とした苗を手巻き寿司のように巻き、ココヤシの切れ込みから押し込んで植えます。

　この方法だと比較的安価な上面植え専用バスケットでも側面に植えることができます。一度チャレンジしてみてください。

花材 ①ペンタス赤紫花 ②ペンタスピンク花 ③ペチュニア八重花 ④コリウス赤紫葉 ⑤コリウス赤葉 ⑥コリウス黄色葉 ⑦オレアリア'アフィン'

器&用土・道具 ワイヤー製バスケット、ヤシマット、植え込み用土、ミズゴケ、ビニル袋、はさみ、ピンセット、はし、洗濯ばさみ、油性マジックインキ、発根促進剤、作業用スタンド

花の配置

上面
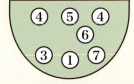

側面
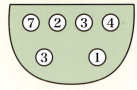

1 バスケットを作業しやすいようにスタンドに固定し、水に浸して軽く絞ったヤシマットをセットする

2 苗を植える部分（6ヶ所くらい）に切り込みを入れるための目印の斜線を油性マジックインキでつける

3 ヤシマットの内側にビニル袋を敷き込み、はみ出した部分を少し余して切り取る

 **4** はみ出したビニルを洗濯ばさみで縁に留め、はさみの先でビニルの底に複数の穴をあける	 **5** 用土を2割くらい入れる。ヤシマットの印をつけたところを裏のビニルと一緒に斜めに3cmくらい切る	 **6** ビニルポットの底を切り取ってやや斜めにそった帯状に伸ばす
 **7** 下葉を取った苗の根土を落として細く絞り、帯状のビニルを先細りの筒状に巻きつける	 **8** 先のほうから穴に挿し込み、内側のビニルの穴に通す。内側から手を入れて回しながら入れるとよい	 **9** 根の際まで挿し込んだらビニルの帯をはずす。下の段を入れ終わったら根が隠れるくらい用土を足す
 **10** 同じように上の段まで苗を入れ終えたら用土を7割くらい足す	 **11** 上の面に植える苗は根土を落とす量は少なくてよい。前の苗は根際が縁に来るように手前斜めに植える	 **12** あいた部分を埋めるコリウスの挿し穂をつくる。3〜4節つけて下葉を取って発根促進剤をつける
 **13** 隙間が気になる部分に、はさみかはしで穴をあけて挿し穂で埋める。先が内側のビニルまで突き抜くこと	 **14** 最後にまんべんなく用土を足してはしで突き込む。上に乾燥防止と水はね防止のためにミズゴケを薄く敷く	 **完成**

> 上級

初夏の
ラウンドバスケット

　コリウスもペチュニアも初夏から秋遅くまで長いあいだ鮮やかな葉が楽しめる花材です。コリウスの葉色は複数組み合わさって多彩なうえ、葉形も幅の広い大葉系もあれば細葉系、エッジが切れ込んだものなどあって見飽きません。茎は節をつけて切って挿せば根が出るので、あとからあいたところを埋めたり色を足したいときに便利です。

　バスケットには長短3つずつ6スリットあるので、色や形が重ならないようにします。コリウスの葉色は多くしないことがポイント。葉と葉のあいだは、ジャスミンの葉でつなぐように調和させます。

花材 ①ペチュニア ②斑入りジャスミン ③細葉系コリウス ④中葉系コリウス ⑤大葉系コリウス（赤葉と黄色葉の2品種）⑥サルビア'ビクトリアホワイト'

器&用土・道具 スリットバスケット（直径20cm）、植え込み用土、容器、ミズゴケ、底網、はし

花の配置
上面
側面

1 バスケットを吊るすかスタンドに置くと作業しやすい。底網を敷いて用土を2〜3cm入れる

2 苗を抜き取って根を傷めないように海苔巻きくらいの大きさに整える。手は常に洗っておく

3 ペチュニアの根元を指で押さえて長いスリットにはさみ込む。吊るす鎖は外に出しておくこと

4 長いスリットにペチュニアを3つ入れる。根の先が底の中央で合うようにそろえる

5 根がぎりぎり隠れるくらい用土を入れ、根の周辺をはしでよく突いてむらなく落ち着かせる

6 水やりのとき土が落ちるのを防ぐため、苗の上にミズゴケを5cmくらいの玉にしてスリットに固定する

7 ペチュニアのあいだの3つの短いスリットに斑入りジャスミンの株を2～3つに分けて入れる

8 ペチュニアの上に細葉系コリウスを入れる

9 ジャスミンの上にペチュニアを入れる。これが、全体の一番外側になるのできれいな円になるように

10 苗の上にミズゴケをはさんで、根が隠れるまで用土を入れる

11 大葉系と中葉系コリウスをバスケットのエッジに斜めに置くように植える

12 コリウスのあいだにペチュニアとジャスミンを用土を足しながら加え、中央にサルビアを植える

13 上部の用土にミズゴケを薄く敷く。乾燥を防ぐためなので、押さえて固めぬよう、ふわりと乗せる感じで

14 隙間が気になるところやポイントがほしいところにははしで穴をあけ、赤葉のコリウスの茎を切って挿す

完成

上級

多肉植物のハート型ワイヤーバスケット

　ハート型の可愛らしいプランターに色とりどりのセダムを植えてベースをつくります。それだけでも見ごたえがありますが、ポイントに中〜大型のエケベリアを配し、グリーンネックレスのつるを絡めると、さながら宝石をちりばめた豪華な美術品のようです。寒さに当たると赤く色づくセダムやエケベリアの品種を植えておけば、冬場はいっそう華やかになります。

　重量感がありますがネルソル（粘着性植え込み用土）を使えば、比較的軽量なうえ、ときどき水をやるだけで長く楽しめます。セダムが伸びてきたら適宜カットしてください。

花材　ベースのセダム：斑入りマルバマンネングサ、黄金ホソバマンネングサ、モリムラマンネングサ、モリムラゴールド、オーロラ、ブルーシャトー、ブレビフォリウムほか。ポイントの多肉：①高砂の翁 ②パールフォン・ニュルンベルグ ③セクンダ（以上エケベリア）④ドラゴンズブラッド（セダム）⑤子持ちレンゲ（オロスタキス）⑥グリーンネックレス（セネキオ）

花の配置
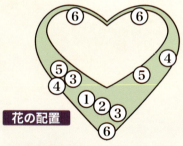

器&用土・道具　ハート型メッシュプランター、ネルソル、植え込み用スタンド、ピンセット、はさみ、サインペン、セロハン、テグス

1 ネルソル10に水4を軽く混ぜる。しばらく置いて納豆のように糸を引くようになったら使える

2 プランターにセットされている麻布は使わないのではずす

3 セロハン紙にプランターの形を写し取り、ハート型に切り抜く

4 プランターをスタンドにセットし、裏側の内張りに切り抜いたセロハン紙を敷いてセロハンテープで止める

5 植え込むセダムの根土を1cmくらいの厚みに落とす。土が多いと作業がしにくい

6 苗を下のとがっている部分から入れる。セダムの表面をメッシュの外側に配置する

7 セダムの裏側にネルソルを入れる。根を包み込むようにするのがコツ

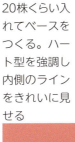
8 20株くらい入れてベースをつくる。ハート型を強調し内側のラインをきれいに見せる

9 ドラゴンズブラッドなど色の濃いものを入れると深みが出る

10 苗が入りにくいところはピンセットで穴をあけ、苗をつまんで深く押し込む

11 セダムだけでも充分鑑賞に堪えるが大型のエケベリアなどを入れると変化が出る

12 植えたら枠にテグスかワイヤーなどで固定する

13 取っ手の部分にグリーンネックレスなどつるものを絡め、ところどころをテグスで固定する

14 枠のアールがきれいに見えるよう飛び出た部分をカットする

完成（1ヶ月後）

上級

多肉植物の クレッセント型 ワイヤーバスケット

　市販の円いメッシュプランターのスタンドにひと手間加えて、自分だけのオリジナルをつくってみませんか。三日月お月様のようなハンギングは、ぶら下げておくだけで人目を引きます。

　植えるのは多肉植物。緑や黄色、赤やグレーなど色とりどりのセダムをベースとして貼りつけ、大型のエケベリアやグラプトペタラムなどをアクセントに配します。

　植え終わったらそのまま日陰で給水せずに管理し、1週間後に水を張ったバケツに漬けて給水します。

花材 ベースのセダム：黄金ホソバマンネングサ、モリムラマンネングサ、斑入りマルバマンネングサほか。
ポイントの多肉：①セダム'ドラゴンズブラッド'②オロスタキス子持ちレンゲ③セダム'オーロラ'④グラプトペタラム・ペンタンドラム

器&用土・道具 クレッセント型メッシュプランター、粘着性植え込み用土（ネルソル）、ワイヤーカッター、アルミ線、鎖、ピンセット

花の配置

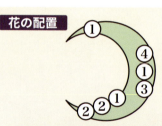

1 プランターの柄をワイヤーカッターで切り取る

2 切った柄をアルミ線で巻いて束ねる

3 プランターに敷いてある麻布を取り外す

4 スタンドの脚も切って取り外す

5 吊り下げる鎖を取りつける

6 ネルソル10に水4を軽く混ぜる。しばらくして糸を引いた納豆状になれば使用可能

7 セダムの根土を1〜2cmくらいの厚さにていねいに整理する

8 プランターの端からベースになるセダムを外向きに置いていく。入れ始めは固定しない

9 外向きに植え込んだら、中心にネルソルを入れて固定する。ふたをするように上部にもセダムを植え込む

10 色や形が違うものを互い違いになるように配置する

11 柄の先の部分は小さくて葉の細かいものをていねいに植え込む。落ちるようならテグスを使って固定する

12 ベースの植え込みが完了。形を整えるため、はさみでフレームに沿って葉先を切りそろえる

ベースだけでもよいが、エケベリアなど大型のものをポイントにしても楽しい

13

14 ピンセットで穴をあけて茎を挿して固定する。必要があればテグスを使って固定する

完成

上級

クリスマスバージョンの額縁フレーム

花の配置

⑨	⑦	⑪	⑥	⑧
⑤		③		⑩
⑥	④	⑤	④	⑥
⑤	④	①	②	③

　雪のクリスマスをイメージした寄せ植え。シロタエギク'シラス'やプラチーナ、ラミウムなどのシルバーリーフとプリムラやアリッサム、ビオラなどの白い花をたくさん使いました。抑えた色調の花々の周りに、赤みがかったオカメヅタのつるを張り巡らして動きの変化をつけます。小枝の先につけた小さなベルだけがオーナメントの大人のクリスマスです。

　額縁はタイルの目地剤を混ぜたアクリル絵の具を使って、デコボコしたムラのあるブラックに塗るひと手間がポイントです。

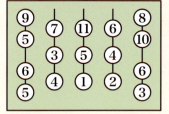

花材 ①スーパーアリッサム'フロスティーナイト'②タイム ③ビオラ2品種 ④プリムラ・ジュリアン⑤シロタエギク'シラス'⑥プラチーナ⑦シキミア ⑧ラミウム ⑨コロキア ⑩斑入りオカメヅタ ⑪手づくりオーナメント（小枝＋ベル）

器&用土・道具 額縁フレーム、インナートレー、スリットボックス、植え込み用土、ミズゴケ、土入れ、はし、アクリル絵の具（黒・茶・赤茶）、容器、スポンジ、マスキングテープ、タイル目地材、はけ

フレームのセッティング

1 絵の具のつきをよくするため表面に紙やすりをかける。塗らない部分の境にマスキングテープを貼る

2 黒をベースに塗るが、表面をデコボコさせるためにタイルの目地材を混ぜる

3 絵の具のムラをつくるため、たたいて盛るように塗る

4 アクリル絵の具の赤と茶を大雑把に混ぜる

5 スポンジでたたきながら、ところどころにムラができるように塗る

6 額に濃淡ができたらフレームの塗装の完了。乾いたらマスキングテープをはがす

7 スリットボックスを組み立て、付属のスポンジを貼る

8 スポンジの粘着面に土をつける

9 インナートレーに植え込み用土を入れる

10 インナートレーにスリットを乗せてセロハンテープで固定する

11 固定したセットを額縁に入れる

12 フレーム完成

植え込みの手順

1 下の枠を隠すために下段に一番丈の低い花を入れる

2 両脇に次に丈の低いビオラとプリムラ、シロタエギクを入れる

3 プラチーナを3つに分けて中段の花苗のあいだにバランスよく入れる

4 中段まで苗を入れたら用土を足して均一にならす

5 中段から上段へと植え進め、ポイントとなるシキミアを入れる

6 上段まで植え終わったら用土を足してならす

7 最後にオカメヅタを植えてつるを上下2方向に振り分ける

8 用土の上に湿らせたミズゴケを薄く敷く

9 植えつけ作業が終わったら裏に背板を入れる

10 ベルをつけた小枝のオーナメントを入れる

完成

パート 4

ハンギングバスケットに使う おすすめの花材カタログ

・自分で調合して植え込み用土をつくる
・ハンギングバスケットのグッズカタログ
・ハンギングバスケットのコンテスト

　ハンギングバスケットに使う植物は開花期が長いもの、丈夫で育てやすいもの、生長がゆっくりしたものが向きます。植え替えを嫌う直根性のものは、根鉢を崩さないように注意して使います。選ぶ際には花ばかりでなく葉の色や形も考慮に入れること。カラーリーフや多肉植物は、扱いやすいうえ季節を問わず使えるものが多い貴重なアイテムです。

春から初夏に おすすめの 花材22

＊タイプはデザインする上での
生長タイプ。17ページの
法則12を参照してください。

アゲラタム

別名カッコウアザミ　キク科
開花：5〜11月　花色：青・桃
高さ20〜80cm　日照：日向
タイプ：面

イソトマ

別名ラウレンティア　キキョウ
開花：5〜10月　花色：青・桃
高さ20〜40cm　日照：日向
タイプ：面

インパチエンス

別名アフリカホウセンカ　ツリフネソウ科
開花：5〜10月　花色：桃・赤・橙・黄・白
高さ20〜30cm　日照：日向〜半日陰
タイプ：面

オステオスペルマム

別名アフリカンデージー　キク科
開花期3〜5月　花色：桃・紫・黄・白
高さ30〜50cm　日照：日向
タイプ：面

キンギョソウ

別名スナップドラゴン　ゴマノハグサ科
開花：4〜7月・9〜12月
花色：桃・赤・橙・黄・白　高さ5〜30cm
日照：日向　タイプ：伸びる

ジニア'プロフュージョン'

別名ヒャクニチソウ　キク科
開花：6〜10月　花色：桃・赤・橙・黄・白　高さ20〜60cm　日照：日向　タイプ：面

ゼラニウム

別名テンジクアオイ　フウロソウ科
開花：3〜11月　花色：桃・橙・赤・白
高さ15〜50㎝　日照：日向
タイプ：面

センニチコウ

別名ゴンフレナ　ヒユ科
開花：6〜10月　花色：桃・赤・橙・白
高さ15〜60㎝　日照：日向
タイプ：伸びる

ネメシア

別名ウンランモドキ　ゴマノハグサ科
開花：3〜6月
花色：桃・赤・橙・黄・青・紫・白
高さ15〜30㎝　日照：日向　タイプ：面

ニチニチソウ

別名ビンカ　キョウチクトウ科
開花：6〜10月　花色：桃・赤・白・黒　高さ25〜35㎝　日照：日向　タイプ：面

バコパ

別名ステラ　ゴマノハグサ科
開花：3〜11月　花色：桃・青・白
高さ10〜15㎝　日照：日向
タイプ：面

フランネルフラワー

別名アクチノタス　セリ科
開花：3〜10月　花色：白
高さ30〜100㎝　日照：日向
タイプ：面

バーベナ

別名ビジョザクラ　クマツヅラ科
開花：3〜6月　花色：桃・赤・青・黄・白
高さ15〜40㎝　日照：日向
タイプ：面

ブルーデージー

別名ルリヒナギク　キク科
開花：3〜6月・10〜11月　花色：青・白
高さ30〜60㎝　日照：日向
タイプ：面

フレンチマリーゴールド

別名クジャクソウ　キク科
開花：5〜11月　花色：赤・橙・黄
高さ20〜30㎝　日照：日向
タイプ：面

フレンチラベンダー

シソ科
開花：5〜7月　花色：紫・白
高さ30〜60㎝　日照：日向
タイプ：伸びる

ベゴニア・センパフローレンス

別名四季咲きベゴニア　シュウカイドウ科
開花：4〜10月　花色：桃・赤・白
高さ20〜40㎝　日照：日向〜半日陰
タイプ：面

ペチュニア

別名ツクバネアサガオ　ナス科
開花：4〜11月
花色：桃・赤・青・黄・白・緑
高さ15〜40㎝　日照：日向　タイプ：面

ユーフォルビア 'ダイヤモンドフロスト'

トウダイグサ科
開花：4〜11月　花色：白
高さ30〜40㎝　日照：日向
タイプ：面

ライスフラワー

別名オゾタムナス　キク科
開花：4〜5月　花色：桃・白
高さ30〜300㎝　日照：日向
タイプ：伸びる

ラミウム

シソ科　開花：4〜5月（葉は周年）
花色：桃・白　葉色：緑・黄・白
高さ10〜20㎝　日照：半日陰
タイプ：枝垂れ

夏におすすめの花材15

アジサイ

アジサイ科　開花：6〜7月
花色：桃・紫・青・白　高さ30〜200cm
日照：日向〜半日陰
タイプ：面

カラジウム

ニシキイモ　サトイモ科
葉の観賞期5〜10月　葉色：赤・橙・白・緑
高さ25〜40cm　日照：日向〜半日陰
タイプ：面

グズマニア

パイナップル科
開花：不定期（苞を観賞）
苞色：桃・赤・橙・紫・黄
高さ30〜50cm　日照：日向　タイプ：面

クロサンドラ

別名ジョウゴバナ、ヘリトリオシベ
キツネノマゴ科　開花期6〜10月
花色：橙・黄　高さ30〜60cm
日照：日向〜半日陰　タイプ：面

クロトン

別名ヘンヨウボク　トウダイグサ科
葉の観賞期：6〜10月
葉色：赤・橙・黄・緑　高さ10〜120cm
日照：日向〜半日陰　タイプ：面

コリウス

別名キンランジソ　シソ科
葉の観賞期：5〜10月　葉色：桃・赤・橙・
紫・黄・黒・緑　高さ20〜70cm
日照：日向〜半日陰　タイプ：面

スパティフィラム

サトイモ科
開花期6〜9月　花色：白
高さ25〜100cm　日照：半日陰〜日陰
タイプ：伸びる

トレニア
別名ナツスミレ　ゴマノハグサ科
開花期5～10月　花色：桃・赤・紫・白
高さ20～30㎝　日照：日向～半日陰
タイプ：面

パキスタキス
別名ロリーポップス　キツネノマゴ科
開花期5～11月　花色：白（苞は黄）
高さ40～150㎝　日照：日向
タイプ：伸びる

ペルシカリア
タデ科　葉の観賞期6～10月
葉色：赤紫・銀白　高さ30～50㎝
日照：日向～半日陰　タイプ：面

ペンタス
別名クササンタンカ　アカネ科
開花期5～11月　花色：桃・赤・紫・白
高さ30～40㎝　日照：日向
タイプ：面

ラムズイヤー
別名スタキス　シソ科
開花期6～7月　葉の観賞期：周年
花色：紫　高さ10～20㎝　日照：日向
タイプ：伸びる

ランタナ
別名シチヘンゲ　クマツヅラ科
開花期7～10月
花色：桃・赤・橙・黄・白
高さ1～1.5m　日照：日向　タイプ：面

リシマキア 'ボジョレー'
サクラソウ科　開花期5～7月
花色：紫　高さ50～100㎝
日照：日向
タイプ：伸びる

ローダンセマム
キク科　開花期3～6月
花色：桃・黄・白
高さ10～30㎝　日照：日向
タイプ：面

秋におすすめの花材 14

アカリファ 'キャットテール'
別名アカリファ　トウダイグサ科
開花期5〜11月　花色：赤
高さ20〜40㎝　日照：日向
タイプ：枝垂れる

アンゲロニア
ゴマノハグサ科
開花期6〜10月　花色：桃・紫・白
高さ50〜60㎝　日照：日向
タイプ：伸びる

球根ベゴニア
シュウカイドウ科
開花期4〜11月　花色：桃・赤・橙・黄・白　高さ30〜80㎝
日照：半日陰　タイプ：面

ケイトウ
別名セロシア、ウモウゲイトウ　ヒユ科
開花期5〜10月　花色：桃・赤・橙・黄・白
高さ20〜90㎝　日照：日向
タイプ：伸びる

コギク
キク科　開花期10〜12月
花色：桃・赤・橙・黄・白
高さ10〜30㎝　日照：日向
タイプ：面

サルビア・ファリナセア
シソ科
開花期5〜10月　花色：青・白
高さ30〜60㎝　日照：日向
タイプ：伸びる

サルビア・ミクロフィラ
別名チェリーセージ　シソ科
開花期4〜11月　花色：赤・白
日照：日向
タイプ：伸びる

サルビア・レウカンサ
別名アメジストセージ　シソ科
開花期9〜12月　花色：桃・紫
日照：日向
タイプ：枝垂れる

センニチコボウ
千日小坊
別名アルテルナンテラ　ヒユ科
開花期10〜12月　花色：赤
高さ25〜60㎝　日照：日向
タイプ：伸びる

チョコレートコスモス
開花期6〜11月
花色：黒
高さ30〜60㎝　日照：日向
タイプ：伸びる

トウガラシ
別名カプシカム　ナス科
実熟期6〜11月　実の色：赤・橙・紫・黄・白・黒
高さ30〜100㎝　日照：日向　タイプ：伸びる

プチロータス
ヒユ科
開花期6〜10月　花色：桃
高さ20〜30㎝　日照：日向
タイプ：伸びる

ブラキカム
別名ヒメコスモス　キク科
開花期4〜11月　花色：桃・紫・青
高さ10〜20㎝
日照：日向　タイプ：面

ユーパトリウム
'チョコレート'
キク科　開花期7〜11月
花色：白　葉の観賞期5〜11月　葉色：黒
高さ40〜50㎝　日照：日向〜半日陰
タイプ：面

ルドベキア
キク科
開花期7〜10月　花色：橙・黄
高さ60〜100㎝　日照：日向
タイプ：面

冬におすすめの花材 13

アネモネ

キンポウゲ科　開花期3〜5月
花色：桃・赤・紫・青・白
高さ20〜40㎝　日照：日向
タイプ：面

イベリス

別名トキワナズナ、宿根イベリス
アブラナ科　開花期3〜5月
花色：白　高さ15㎝　日照：日向
タイプ：面

ウインターコスモス

別名ビデンス　キク科
開花期10〜11月　花色：黄
高さ10〜100㎝　日照：日向
タイプ：伸びる

ガーデンシクラメン

別名カガリビバナ　サクラソウ科
開花期10〜4月　花色：桃・赤・青・白
高さ15〜20㎝　日照：日向
タイプ：面

カルーナ

別名ギョリュウモドキ　ツツジ科
開花期12〜3月（冬咲きタイプ）
花色：桃・紫・白　高さ20〜80㎝
日照：日向　タイプ：伸びる

カレンデュラ

別名キンセンカ　キク科
開花期12〜5月　花色：橙・黄
高さ20〜60㎝　日照：日向
タイプ：面

クリサンセマム'ノースポール'

別名パルドーサム　キク科
開花期12〜5月　花色：白
高さ15〜30㎝　日照：日向
タイプ：面

シキミア

別名ミヤマシキミ　ミカン科
つぼみ11〜4月　つぼみ色：桃・赤
高さ30〜80㎝　日照：半日陰
タイプ：面

Recommended Materials:Flower, Color Leaf Plants, and Succulents

スイートアリッサム

別名ニワナズナ　アブラナ科
開花期10～5月　花色：桃・紫・黄・白
高さ10～15cm　日照：日向
タイプ：垂れる

ストック

別名アラセイトウ　アブラナ科
開花期10～5月　花色：桃・赤・紫・黄・白
高さ30cm　日照：日向
タイプ：伸びる

デージー

別名ヒナギク　キク科
開花期11～5月　花色：桃・赤・白
高さ10～20cm　日照：日向
タイプ：面

ハナカンザシ

別名アクロクリニウム　キク科
開花期3～6月　花色：桃・白
高さ20～40cm　日照：日向
タイプ：面

パンジー&ビオラ

スミレ科　開花期10～5月
花色：桃・赤・青・紫・橙・黄・白・黒
高さ10～30cm　日照：日向～半日陰
タイプ：面

ハボタン

アブラナ科　葉の観賞期10～4月
葉色：緑・桃・赤・黄・白
高さ10～40cm　日照：日向～半日陰
タイプ：面

プリムラ

サクラソウ科　開花期10～4月
花色：桃・赤・青・橙・黄・白・黒
高さ10～30cm　日照：日向～半日陰
タイプ：面

マーガレット

別名モクシュンギク　キク科
開花期3～6月　花色：桃・赤・黄・白
高さ30～100cm　日照：日向
タイプ：面

周年使える おすすめの カラーリーフ 17

アイビー

別名セイヨウキヅタ、ヘデラ　ウコギ科
葉の観賞期：周年　葉色：緑・黄・白
つる性　日照：日向〜半日陰〜日陰
タイプ：枝垂れる

エレモフィラ

別名ホワイトツリー　ハマジンチョウ科
葉の観賞期：周年
葉色：白　日照：日向
タイプ：垂れる

オカメヅタ

別名カナリーキヅタ　ウコギ科
葉の観賞期：周年　葉色：緑・黄・白
つる性　日照：日向〜半日陰〜日陰
タイプ：枝垂れる

カレックス

別名カンスゲ　カヤツリグサ科
葉の観賞期：周年　葉色：緑・茶
高さ30〜40cm　日照：日向〜半日陰
タイプ：伸びる

コプロスマ

アカネ科　葉の観賞期：周年
葉色：緑・赤・紫・黄・白
高さ20〜80cm　日照：日向
タイプ：伸びる

ジャスミン

モクセイ科
葉の観賞期：周年（花4月）
葉色：緑・黄　つる性　日照：日向
タイプ：枝垂れる

シロタエギク

別名ダスティミラー　キク科
葉の観賞期：周年　葉色：白
高さ20〜60cm　日照：日向
タイプ：面

セイヨウイワナンテン

別名アメリカイワナンテン　ツツジ科
葉の観賞期：周年（紅葉11〜3月）
葉色：緑・赤　高さ30〜80cm
日照：日向　タイプ：面

セトクレアセア

別名ムラサキゴテン　ツユクサ科
葉の観賞期：周年（花5〜11月）
葉色：紫（花色：桃）　高さ10〜30㎝
日照：日向　タイプ：枝垂れる

ツルニチニチソウ

別名ビンカ　キョウチクトウ科
葉の観賞期：周年（花4月）　葉色：緑
高さ20〜30㎝　日照：日向〜半日陰
タイプ：枝垂れる

ヒューケラ

別名ツボサンゴ　ユキノシタ科
葉の観賞期：周年（花5〜6月）
葉色：緑・茶・黄・白　高さ20㎝
日照：日向〜半日陰　タイプ：面

プラチーナ

別名カロケファルス　キク科
葉の観賞期：周年　葉色：白
高さ10〜15㎝
日照：日向〜半日陰　タイプ：伸びる

ヘリクリサム

キク科
葉の観賞期：周年（花6〜8月）
葉色：白・黄　高さ15〜70㎝
日照：日向　タイプ：枝垂れる

モクビャッコウ

キク科
葉の観賞期：周年
葉色：白　高さ20〜80㎝
日照：日向　タイプ：面

ヤブコウジ

別名ジュウリョウ　サクラソウ科
葉の観賞期：周年　葉色：緑・白
高さ10〜30㎝　日照：半日陰
タイプ：面

ロニセラ・ニチダ

スイカズラ科
葉の観賞期：周年　葉色：黄・緑
高さ20〜60㎝　日照：日向
タイプ：伸びる

ワイヤープランツ

別名ミューレンベッキア　タデ科
葉の観賞期：周年　葉色：緑・白　つる性
日照：日向〜半日陰〜日陰
タイプ：枝垂れる

周年使える おすすめの 多肉植物 14

＊作品のメイン（主役）の花材となるか、サブ（脇役）の花材になるかを表示。

エケベリア 'ピーチプリデ'
ベンケイソウ科　葉径4〜8cm
メイン花材　タイプ：面

エケベリア 'パールフォン・ニュルンベルグ'
ベンケイソウ科　葉径5〜20cm
メイン花材　タイプ：面

オロスタキス '子持ちイワレンゲ'
ベンケイソウ科　葉径3〜7cm
サブ花材　タイプ：面・枝垂れる

グラプトセダム 'ブロンズ姫'
ベンケイソウ科　葉径5〜15cm
サブ花材　タイプ：面

アエオニウム '黒法師'
ベンケイソウ科　葉径5〜30cm
高さ5〜100cm　メイン花材　タイプ：面

クラッスラ・サルメントーサ
ベンケイソウ科　高さ5〜60cm
サブ花材　タイプ：伸びる

セダム 'ドラゴンズブラッド'
ベンケイソウ科　高さ5〜10cm
サブ花材　タイプ：枝垂れる

セダム 'オーロラ'
ベンケイソウ科　高さ5〜20cm
サブ花材　タイプ：伸びる

セダム '春萌え'

ベンケイソウ科　葉径5〜8㎝
サブ花材　タイプ：面

セダム 'リトルジェム'

ベンケイソウ科　葉径3〜5㎝
サブ花材　タイプ：面

センペルビブム 'モーニングバード'

ベンケイソウ科　サブ花材
葉径3〜5㎝　タイプ：面

カランコエ '月兎耳'

別名パンダプラント　ベンケイソウ科
高さ5〜15㎝　メイン花材　タイプ：伸びる

ハオルシア・オブツーサ

ツルボラン科　葉径5〜10㎝
メイン花材　タイプ：面

セネシオ 'グリーンネックレス'

キク科　匍匐性
サブ花材　タイプ：枝垂れる

オトンナ 'ルビーネックレス'

別名：紫月　キク科　匍匐性
サブ花材　タイプ：枝垂れる

自分で調合して植え込み用土をつくる

　ハンギングバスケットは限られた容積にたくさん苗を植え込むので、用土は根をしっかり張ることができる配合であること、吊り下げて管理や観賞するため乾燥しやすので水持ちがよいこと、さらに持ち運びや安全性の点から軽量であることが求められます。

　市販のものでかまいませんが、季節によって水持ちや水はけの具合を調整するなど、自分で配合すれば自在なのでおすすめです。

　基本の比率はピートモス4、赤玉土小粒2、パーライト1.5、バーミキュライト1.5、堆肥1にくん炭を全体の1割混ぜます。水持ちよくするならピートモスや堆肥を多めに、水はけよくするなら赤玉土を多めにします。

　ピートモスは成分未調整のものだと酸性度ph3.8〜4.8でかなり強酸性なので、くん炭を入れて調整します。

完成した植え込み用土

ピートモス4

赤玉土小粒2

バーミキュライト1.5

パーライト1.5

堆肥1

くん炭（全体の量の1割）

ハンギングバスケットのグッズカタログ

　近年になって、ハンギングバスケット関連用品は性能もデザインも飛躍的に充実しています。それにともなってだれでも比較的簡単に失敗なくつくれるようになりました。

　さらに個性を求めるなら市販のグッズをそのまま使うのでなく、絵の具で色を塗ってレトロ感を出したりさびた感じにしたり、型をつくって英文をペイントしたりとオリジナル感を楽しみます。

スリットバスケット

エレガンスバスケット

プラスチック製吊り下げ型
スリットバスケット

アイアン製
吊り下げ型バスケット

藤製
吊り下げ型バスケット

アイアンバード
バスケット

 ワイヤープランター・リース型	 ワイヤープランター・ハート型	 ワイヤープランター・クレッセント型
 ガゼボワイヤーゲージ	 額縁型花はなフレーム ホワイト＆自然木目	 5ポット壁掛けワイヤースタンド
 アイアン製ハンギングポットスタンド	 スクエアーハンギングスタンド	 三脚型ハンギングスタンド

ハンギングバスケットのコンテスト

春～初夏

ふなばしアンデルセン公園

日比谷公園 ガーデニングショー

花菜（かな）ガーデン　ハンギングバスケットコンテスト
会期：6月中旬（入園有料）
神奈川県平塚市寺田縄496-1
最寄り駅：JR平塚駅よりバス20分
問い合わせ先：0463-73-6170
公式サイト：http://www.kana-garden.com/access/
●花菜ガーデンは「神奈川県立花と緑のふれあいセンター」の愛称。花を楽しんだり農業体験ができる。

ふなばしアンデルセン公園
ハンギングバスケットコンテスト
会期：4月中旬～5月上旬（入園有料）
千葉県船橋市金堀町525
最寄り駅：新京成線三咲駅からバス15分
問い合わせ先：047-457-6627
公式サイト：https://www.park-funabashi.or.jp/and/
●アスレチックや広い芝生広場、風車などアンデルセン童話をモチーフとした多数の施設があり、四季の花が楽しめる。

南大沢ガーデニングショー
春のハンギングバスケット コンテスト
会期：4月下旬（無料）
東京都八王子市南大沢2-26
最寄り駅：京王相模原線南大沢
問い合わせ先：042-648-1531（フラワーフェスティバル由木事務局）
公式サイト：http://www.city.hachioji.tokyo.jp/kankobunka/001/p003258.html
●「花と緑と夢家族」をテーマに、駅前の中郷公園で開催される「フラワーフェスティバル由木」の一環として開催。

国際バラとガーデニングショウ
会期：5月中旬（入場有料）
埼玉県所沢市上山口2135 西武球場
最寄り駅：西武狭山線西武球場前
問い合わせ先：03-6206-6450（実行委員会事務局）
公式サイト：http://www.bara21.jp
●最新のバラとガーデニングを紹介する国内最大級の花イベント。コンテストは壁掛けタイプと吊りタイプの2部門で行われる。

秋

日比谷公園
ガーデニングショー　ガーデンコンテスト
会期：10月中～下旬（無料）
最寄り駅：東京メトロ日比谷駅
住所：東京都千代田区日比谷公園1-6
問い合わせ先：03-3232-3097（実行委員会事務局）
Mailによる問い合わせ先：hibiya-gs@tokyo-park.or.jp
●公園内の広場を取り囲んで、プロ・アマを問わず100点もの作品が展示される。

横浜イングリッシュガーデン
ハンギングバスケットコンテスト
会期：11月中旬～下旬
料金：（入園有料。料金は季節により変動）
最寄り駅：相模鉄道本線平沼橋
住所：神奈川県横浜市西区西平沼町6-1 tvk ecom park内
問い合わせ先：045-326-3670
公式サイト：http://www.y-eg.jp
●横浜イングリッシュガーデンは、バラをメインとして季節折々の草花と木々が楽しめる。コンテストは壁掛けタイプ80点と吊り下げタイプ40点の作品が展示される。

国際バラとガーデニングショウ

本書でお世話になった団体＆会社

（一社）日本ハンギングバスケット協会　TEL 052-807-2751
（株）伊藤商事　TEL 072-626-1048
（有）ヤマジ園芸　TEL 0599-55-0011
大同クラフト（株）　TEL 0572-21-6681
吉坂包装（株）　TEL 059-382-7962
住友化学園芸（株）　TEL 03-3663-1128
（株）タクト　TEL 0276-40-1112

著者プロフィール

井上 まゆ美 (いのうえまゆみ)

園芸家。東京都世田谷区生まれ。横浜市港北区の農園を拠点とし、多肉植物や球根植物の生産と公共（横浜市）・企業・個人邸のガーデンデザイン・施工・メンテナンスや展示会・イベント講習・ネットショップ『球根屋さん.com』を運営する株式会社河野自然園の代表取締役。第33回全国都市緑化よこはまフェアでは、横浜異人館の庭や象の鼻パークのコンテストガーデン、掃部山公園・新横浜駅前のハンギングバスケットのデザイン・制作・管理、講習に携わる。自社農園でのハンギングバスケットの講習会では、全国各地から集まる受講生を指導し、主たるコンテストの上位受賞者を数多く輩出している。また、球根の寄せ植えやガーデンデザインが日本経済新聞・ＴＶ東京・園芸誌・書籍に掲載され、全国各地への講演や講座の要望を精力的にこなす。著書に『小さな球根で楽しむナチュラルガーデニング』（家の光協会）『ジュエリープランツのおしゃれ寄せ植え』（講談社）ほか。

河野自然園スタッフ　　　　　　　　　　　（パート3で担当したページ・記載以外は著者）
今村久美子　　　　　　　　　　　　　　　（P58〜59基本の5スリットバスケット）
落合美苗　　　　　　　　　　　　　　　　（P68〜69初夏のラウンドバスケット）
竹田 薫　　　　　　（P50〜51毛糸のハンギング鉢 P54〜55多肉植物の毛糸玉＆ハンギング
　　　　　　　　　　P64〜65ウェディングケーキのハンギング）
田代耕太郎　　　　　　　　　　　　　　　（P56〜57ハーブの籐籠ハンギング）
平野純子　　　　　　（P52〜53リメイク缶の多肉植物ハンギング
　　　　　　　　　　P74〜76クリスマスバージョンの額縁フレーム）

写真提供：井上まゆ美　横浜イングリッシュガーデン
写真撮影：林 桂多（講談社写真部）
協力：おぎはら植物園、アスコット
イラスト・デザイン＆装丁：森 佳織

長くきれいに楽しむ
ハンギングバスケット寄せ植えの法則

2018年10月24日　第1刷発行

著　者　井上 まゆ美
発行者　渡瀬昌彦
発行所　株式会社講談社
　　　　〒112-8001　東京都文京区音羽 2-12-21
　　　　　　販売　Tel 03-5395-3625
　　　　　　業務　Tel 03-5395-3615
編　集　株式会社講談社エディトリアル
代　表　堺 公江
　　　　〒112-0013
　　　　東京都文京区音羽 1-17-18 護国寺 SIA ビル 6F
　　　　Tel 03-5319-2171
印刷所　大日本印刷株式会社
製本所　大口製本印刷株式会社

定価はカバーに表示してあります。
落丁本、乱丁本は購入書店名を明記のうえ、講談社業務宛にお送りください。
送料小社負担にてお取り替えいたします。
なお、この本の内容についてのお問い合わせは講談社エディトリアル宛にお願いします。
本書のコピー、スキャン、デジタル化等の無断複製は、著作権法上での例外を除き禁じられています。
本書を代行業者等の第三者に依頼してスキャンやデジタル化することは、たとえ個人や家庭内での利用でも著作権法違反です。

N.D.C.620　95 p　26cm
Ⓒ Mayumi Inoue 2018
Printed in Japan
ISBN978-4-06-220835-2